フィリップ・コトラー
高岡浩三

マーケティングのすゝめ

21世紀のマーケティングとイノベーション

Chuko Shinsho
La Clef
567

中央公論新社

プロローグ――なぜ、21世紀のマーケティングが必要なのか

アベノミクスの成否が問われている。

答えはイエスだ。ただし、第一と第二の矢に限っては、である。金融緩和と財政政策によって、一時的に株価を押し上げ円安に誘導することで、経済界が立ち直るための時間稼ぎには成功した。しかし、規制緩和と構造改革を掲げた成長戦略の第三の矢は当初から私は成功しないだろうと読んでいた。アベノミクスがもっとも勢づいていた三年前にである。

なぜなら、新興国時代の日本における護送船団方式はともかくとしても、これだけグローバル化した時代に世界第三位のＧＤＰを持つ先進国日本が、政府の産業政策だけで経済界の競争力を高めるのは不可能だからである。むしろ重要なのは、経済界を引っ張

るリーダーである経営者の経営能力を高めることだ。逆に言えば、政府の成長戦略に間違いがあるというより、政府の成長戦略に過度の期待をしてはならないということだ。あえて政府に注文をつけるとすれば、アベノミクスには経済学者のみならず世界的なマーケティング学者を巻き込んで成長戦略を描く必要があろう。

「モノ」で社会が発展した20世紀

20世紀は、第2次産業革命の恩恵のなかで発展してきた時代である。

第2次産業革命とは、電気と石油を主なエネルギー源として、自動車や航空機、あるいは家電製品などが生まれ、当時の人々の生活を一変させた事象を指す。

多くの人の「問題」が、当時のイノベーションによって新しく生まれた「モノ」で解決され、それによって社会が発展してきた。

この20世紀という時代には、モノが行き渡ることによって利便性が高まるとともに人口が爆発的に増加し、経済が右肩上がりで成長していった。国や地域によってそのスピードに違いが生まれ、いち早く発展した国が国力をつけていった。

アメリカ、イギリスやドイツをはじめとする西ヨーロッパ諸国。そうした国々が「先進国」と呼ばれ、世界をリードしていく。

経済力を蓄えた先進国に対し、一歩遅れて経済成長を始めた国は「新興国」と呼ばれている。太平洋戦争に敗れた日本は、戦後の焼け野原から驚異的な復興を遂げるなかで、新興国としての歩みをスタートさせた。

１９５０年代半ばから１９７０年代半ばにかけての高度経済成長期を経て、わずかな期間で先進国に肉薄していく。

その成長力は新興国の模範生と呼ばれ、やがて世界でも有数の経済大国にまで上りつめていった。日本がとうとう先進国の仲間入りを果たしたのは、１９８０年代に入ってからのことだった。

先進国の仲間入りを果たした日本は、さらに成長を続けた。そしてついに、空前の好景気に沸き上がる。これが、１９８６年から１９９１年の「バブル景気」である。日本企業はバブル経済によって手にした豊富な資金を元手に、世界に投資をしまくった。

しかし、そんなバラ色の時代は長くは続かなかった。

成長を牽引してきた株価と不動産価格が暴落し、不良債権が激増した。これが「バブル崩壊」である。高度経済成長期からバブル景気まで続いた安定成長期が終わり、日本は低成長期、あるいはマイナス成長期に入った。

「失われた20年」の日本

しかし、それまでの安定成長期における成長が驚異的だった分だけ、日本はあらゆるインフラが整っていた。そしてモノが溢れ、日本人の生活が急激に没落することはなかった。むしろ、短期間のうちに日本社会は成熟していた。先進国としての位置づけを保ったまま、出口の見えない「失われた20年」に突入していく。

21世紀に入ると、日本では成長社会から成熟社会へと移行する流れが加速する。人口の伸びは止まり、ついには減少する方向に転じた。少子化が進むとともに、高齢化もすさまじい勢いで進んでいった。

誰も、21世紀の日本がこれまでのように成長していく姿を想像することはできなかった。

実際、２０００年代に入ってからの日本は、先進国としての立ち位置は変わらないものの、急激な成長を見せる新興国に追い上げられているのは明白だった。

一般的に、新興国の経済成長率は10パーセント近くの水準を誇り、先進国の経済成長率は数パーセントがいいところだ。

スイスに本社を置くグローバル食品飲料企業グループのネスレ（以下、ネスレグローバル）でも、各国にあるグループ企業の利益ベースの成長率は、２０１５年、新興市場で７・０パーセント、先進国で１・９パーセントだった。

ネスレグローバルのボードメンバーの目には、世界でもっとも少子高齢化が進み、景気の減速が著しい日本は、成長が難しいマーケットと映っていた。

しかし、ネスレ日本の成長率は、先進国の水準をはるかに上回った。それだけでなく、２０１５年にはネスレグローバル全体の成長率４・２パーセントをも上回る４・６パーセントという数字を達成した。

ネスレ日本を率いる私は、驚きをもってスイスに迎え入れられた。誰ひとりとして予想していなかった数字を達成したからだ。

サービスによる問題解決

なぜ、ネスレ日本はそのような数字を達成することができたのだろうか。

それは、ネスレ日本が21世紀の先進国で展開すべき新しいマーケティングによって打ち出した戦略を次々と成功させたからだった。

その戦略は、ネスレの主力事業であるコーヒー分野で展開するコーヒーマシン「ネスカフェ ゴールドブレンド バリスタ」「ネスカフェ ドルチェ グスト」のコンセプトに端的に表れている。

ポイントは、これまではまとまった量でしか淹れることのできなかったコーヒーを、1杯ずつ淹れることができるようにしたことだ。つまり、コーヒーの淹れ方という「サービスによる問題解決」をしたということだ。新しいコーヒーマシンによってコーヒーをさらにおいしくしたという「モノによる問題解決」ではない。

もちろん、コーヒーの味や香りなど、品質の改良は継続している。今後も継続していくべきだと思う。ただし、そのことが顧客の問題解決として大きなインパクトにはならないことは知っておくべきだろう。

コーヒーメーカーにおいては味や香りなど品質の向上にかけた研究開発コストが、味や香りなどの品質の向上を直接の要因とする売上増で回収できることはまずない。それが、21世紀という時代の実像なのである。

マーケティングは、20世紀に誕生した比較的新しい学問である。

20世紀の社会が第2次産業革命をベースに発展してきた以上、マーケティングが20世紀の社会の仕組みに影響を受けるのは当然のことだ。

しかし、21世紀に入ってインターネットが登場してからは、20世紀の常識が通用しなくなっていく。たとえばアマゾンなどのe*コマースで消費者がモノを買う時代になると、スーパーマーケットでモノを買っていたときの消費者とは心理や行動が変わっていく。顧客の心理や行動が変わると、顧客が抱える問題も変わっていく。

そのとき、20世紀のマーケティングは役に立たなくなる。顧客の問題はモノでは解決できなくなり、問題のとらえ方を変えることが迫られている。

*コンピューター・ネットワーク上での電子化された商取引全般。

ネスレ日本のマーケティング

先ほど、コーヒーマシンのエピソードで「モノによる問題解決」から「サービスによる問題解決」に戦略が変わったと申し上げた。これからの企業は、業種を問わず多くが「サービス業」となり、サービスによって問題解決をしていかなければならない時代になる。なぜなら、21世紀の顧客の問題は、そのほとんどがサービスでしか解決できなくなっているからだ。

ネスレ日本は新しいマーケティング、すなわち21世紀のマーケティングのおかげで常識を覆した。一方、まだ苦しんでいる企業もある。それは、彼らがいまだに20世紀のマーケティングを続けているからだ。20世紀のマーケティングでは、変化した顧客の問題をとらえることはできない。今までと同じように「モノ」による問題解決をしようとしているから、業績が低迷するのだ。

多くの日本企業は、いまだに品質さえ良ければ売れると信じている。

または、品質を高めるだけでは売れるようにならないと知っていながら、ほかに何をやれば良いかわからないため、品質を高めることしかできないのだ。結果的にイノベーションは起こらず、世界から取り残されようとしている。

私は、20世紀のマーケティングをすべて否定しているわけではない。ただ、インターネットの出現とともに起こった第3次産業革命でイノベーションが起こると、20世紀のマーケティングでは説明できないことが次々と出てくる。モノによる問題解決からサービスによる問題解決に軸足を移さなければ、顧客の問題を解決できなくなっているのだ。日本企業は、今こそ21世紀のマーケティングへとピボットを踏み変えねばならない。さもなければ、近い将来に新興国に追い抜かれてしまうだろう。待ち受けるのは、厳しい未来だ。それに対峙する勇気が、日本人にはあるのだろうか。

本書は、21世紀のマーケティングについて、コトラー教授と一緒にネスレ日本の事例を中心にわかりやすく書いた実務書である。世の中にはマーケティングについて書かれた本が多々あるが、その多くが著名な学者が書いた学術的な本である。学問としてのマーケティングの理論を体系的に説明し、企業の実例を分析しながらその解説を行う内容は、頭で理解できた気持ちになる。しかしながら、いざ、現実に自社で、自分の担当分野で学んだ事を実践しようとしても、どうしてよいかすぐには思いつかないのが現状ではないだろうか。私は、学術的なマーケティング本を読むことはもちろん、幾度となくコトラー教授とマーケティングについて議論をしてきた。それらを通じて得た知識と自身の経験を踏まえ、実務家の視点と言葉を使って、本書に考えを述べている。私はこの考えに基づいてネスレ日本を率い、会社は成長を続けている。21世紀において必須の考え方になると思うので、すべてのビジネスパーソンだけでなくマーケティングとは無縁と思われてきた人にも参考にされたい。

第1章では、マーケティングとは何かについて、フィリップ・コトラー教授との対談を通じてつまびらかにしていく。第2章では、21世紀のマーケティングを含むマーケティングの歴史を俯瞰することで、マーケティングの本質をさらに理解したい。

第3章では、21世紀のマーケティングの根本となる「顧客」と「顧客の問題」について解説する。第4章では、マーケティングの結果として生まれるイノベーションとリノベーションについて解説する。第5章では、問題解決能力ばかりが注目される昨今の風潮に風穴を開け、その前段階となる「問題発見力」がすべての出発点になるということに気付いていただきたい。そして最後の第6章では、これから21世紀のマーケティングを学ぼうとする人々の問題を解決する、新たなプログラムについて言及する。

いまや、先進国のなかでも成熟度という点で先頭を走る日本。

その日本の企業が世界との競争に負けている最大の要因は、マーケティングとイノベーションに対する理解不足だと考えられる。

すでに出遅れている日本企業がグローバル企業や新興国の勢いのある企業との競争に勝つためにも、今後は先進国にふさわしいマーケティングが必要になってくる。それこそが、21世紀のマーケティングである。

読者の皆さんが、本書によって21世紀のマーケティングに対する理解を深め、新たな時代をリードする人材になられる一助としていただければ幸いである。

２０１６年10月

ネスレ日本株式会社　代表取締役社長兼ＣＥＯ

高岡浩三

目次

第4章 イノベーションとリノベーション

執筆：高岡浩三

1 イノベーションとは何か、リノベーションとは何か
2 家電に見る、イノベーションとリノベーションの違い
3 イノベーションとリノベーションの歴史的変遷
4 モノで解決できなくなった顧客の問題を、インターネットで解決する時代
5 マーケティングとイノベーションの関係
6 リノベーションと20世紀のマーケティングの限界

構成／新田匡央
写真／読売新聞社
本文ＤＴＰ／今井明子

第 1 章

21世紀のマーケティングとは何か

対談

フィリップ・コトラー
×
高岡浩三

1 なぜマーケティングは誤解されているのか

日本人の多くが、マーケティングの本質を誤解している。

これは、私たちがさまざまな場面で感じている問題意識だった。その誤解の根本にある原因は何か。幾度となく議論をしていくなかで行き着いたのは、日本人の多くはマーケティングが厳密には何を意味するのかわかっていないということだった。

マーケティングの本質を誤解しているのは、もちろん日本人だけではない。世界中の国の人々が、日本人と同じように誤解している。私たちは、現代のマーケティングの本質を正しく伝え、21世紀のマーケティングをしっかりと理解してもらいたいと感じていた。

そのためにも、本書の冒頭で「マーケティングとは、具体的に何を意味するのか」というテーマでディスカッションしなければならないと考えた。議論のプロセスのすべてを伝えることで、マーケティングに対する理解が進むと信じたからだ。

21世紀のマーケティングの本質を理解することは、これから21世紀のビジネスを進めていくうえで、絶対に避けては通れない。むしろ、21世紀のマーケティングを正しく理解することなしに、21世紀のビジネスにおいて成功を収めることは不可能だ。

そしてもうひとつ。

21世紀のマーケティングは、ビジネスだけにしか使えないわけではないということも知っていただきたい。ビジネスを含むあらゆる場面で、21世紀のマーケティングの考え方が必要になってくる。

むしろ、21世紀のマーケティングの考え方がないために、あらゆる問題解決が滞って社会が停滞しているのだ。

これらのことは、もっとも言いたいことのひとつである。

本書を手に取っていただいたということは、読者の皆さんにも「マーケティングって、いったい何なの？」という問題意識があるのではないかと思う。

本書でマーケティングの本質をつかみ取っていただきたい。

2 マーケティングは、顧客の問題解決のプロセスである

高岡　まずは、読者の最大の関心事である「マーケティングとは何か」について、コトラー教授から簡単にご説明いただけませんでしょうか。

コトラー　わかりました。この「マーケティングとは何か」という問いは、私にもことあるごとに投げかけられてきました。そのとき、私は逆にこんな質問をすることから始めるようにしています。

「セリング（販売）の意味をご存知ですか」

賢明な読者の皆さんは、おそらくご存知のことと思います。販売員や訪問セールスなど、営業マンは自分が売りたいモノやサービスを持っています。首尾よく販売を成就させるために、営業マンは顧客に対してこんな言葉で話しかけるでしょう。

「この商品（サービス）を買うことによって、あなたの生活がより良くなります」

このやり取りは、多くの人が営業マンの立場として、あるいは営業マンにモノやサービスを販売される顧客の立場として経験したことがあると思います。しかし果たして、この言葉は真実を表現しているのでしょうか。

営業マンとして、ただ単にモノやサービスをセリング（販売）するという行為を行うためだけであれば、マーケティングという概念は必要ありません。

なぜなら、売れるか売れないかは時の運。本当の意味で顧客の生活を良くしようという考え方にもとづいてセリング（販売）していないからです。

大事なのは、売るべきモノやサービスを決定するのは誰なのかということです。

ターゲットとする市場を決めるのは誰なのか。

対象の顧客は誰なのか。

個人なのか企業なのか。

マーケットにおいて顧客にモノやサービスをセリング（販売）するためには、こうした発想を持たなければならないのです。

これが、セリング（販売）の本当の意味です。そしてこの考え方は、マーケティングとまったく同じことを意味しています。

事例として、博物館を考えてみましょう。

誰ひとりとして来館者のいない博物館は、まったく役に立ちません。そこで、博物館の担当者は、あらゆることを考えます。

多くの人を博物館に惹きつける方法。

多くの人に興味を持ってもらえる作品を所蔵する方法。

その作品を購入するための資金調達の方法。

こうしたことを考えることこそが、マーケティングなのです。利潤を追求する営利企業とは一線を画す博物館でさえ、マーケティングを実施しているのです。

同じように、欧米を中心にグローバルに展開しようという大学も「国際競争力を高めるために、マーケティングによって現状を改善しよう」と考えています。

読者の皆さんは、私がマーケティングという言葉をどのような意味合いで使っているかお気付きになられたでしょうか。マーケティングとは、自分（自社）と自分以外との差別化を図り、ターゲット顧客層を絞り込むことを意味するのです。

自分（自社）が提供できる価値（事業）は何なのか。

自分（自社）にとっての顧客は誰なのか。

自分（自社）の顧客が好み、あるいは欲しているモノやサービスは何なのか。

それをつかんだうえで、競合相手に勝つにはどうすればいいか。

こうした自問をし続けることが、マーケティングにとっては重要なのです。

マーケティングとは、自分（自社）が認知されているか否かにかかわらず、自らが開発する、あるいは提供するモノやサービスのターゲット顧客に影響を及ぼすことです。そして、自分（自社）の存在を顧客に知ってもらい、顧客の問題解決をするにあたって魅力的で誠実な印象を与えるよう取り組むことです。

つまり、顧客にとって価値のあるモノやサービスを通して、顧客の問題解決のお手伝いをすること。これが「マーケティングとは何か」についての問いに対する、私なりの答えです。

高岡　まったくその通り。私も同じ考えです。

ネスレ日本でも、社員にマーケティングについて語るときは、セールスに限らずすべての部門に「まずは顧客を特定しなさい」と伝えています。そして「特定した顧客の問題を把握しなさい」と言います。顧客の問題を解決できるモノやサービスであれば、絶対に売れるはずなのです。

つまり、マーケティングの出発点になるのは「顧客の特定」と「顧客の問題の特定」だと言っていいでしょう。これが正確につかめない限り、マーケティングそのものが動き出しません。

よく考えればわかることです。誰にとっての問題なのか、その問題がどのようなものなのかがわからなければ、問題解決をしようとしてもできないからです。

コトラー　その通りですね。顧客が違えば、それぞれ異なった問題を抱えているのは当然のことです。それをつかむこともせずに、顧客の問題を理解した気分になってはいけません。

いわゆる市場調査で重要なのは、顧客に「市場にあるもの、あったらいいなと思うものを含め、どんな商品がほしいですか」という一歩踏み込んだ問いかけをすることです。こうしたことが、新商品の開発につながることもあります。

高岡　そうですね。さらに、顧客の抱える複雑で無意識的な問題を把握できれば、大きなイノベーションにつながる可能性もあると思います。

しかし企業は、コトラー教授のおっしゃるように一歩踏み込むことなく、非常に単純な消費者調査で出てきた「些細な事柄」だけに注目する傾向があります。それを修正することは、モノやサービスの小規模な改良を意味する「カイゼン」と呼ばれ、日本では以前から推奨されてきました。

たしかに、これはこれで意味のあることだと思います。

でも、「カイゼン」で大きなイノベーションを実現することはできません。20世紀まではこの手法でもうまくいったかもしれませんが、21世紀の今は事情が違います。

コトラー　常に、さまざまな方法で改善を図ることは、インクリメンタル（漸進的）な行為だと思います。それで小さな「カイゼン」が実現するのであれば、どんどんやればいいと思います。しかし、この「カイゼン」は、顧客の心の「ホットボタン」*を押すブレイクスルーにはなりません。

全般的に言えば、一般の人にマーケティングの真意が広く理解されていないという印象です。企業も、最適な方法でマーケティングを実践していない。そうなると「マーケティングのマーケティング」が必要になってくるかもしれません。

高岡 それは面白い発想ですね。

コトラー マーケティングと意識することはなくても、実際にはマーケティングを行っていることが頻繁にあります。

たとえば、就職活動をしている人を考えてみましょう。

きちんとした服装をして、企業情報を確認してから面接に行くのはなぜでしょうか。同じ企業を志望するほかの志願者と競争するわけですから、面接では自分の売り込みを

＊消費者の潜在的願望

しなければなりません。これはある意味、自分がブランドになるわけです。企業の関心を惹きつけることができるよう、自分自身を設計しなければなりません。

別の例として、あなたが男性で結婚したい女性がいるとしましょう。ただ単に「僕の奥さんになって下さい」とは言わないですよね。相手に喜んでもらえるようなことを言ったり、花を贈ったりするでしょう。これは、マーケティングにほかなりません。

高岡　その通りです。

コトラー　おわかりのように、マーケティングは日常生活に溢れているのですが、そうした基本に気付かない人が多い。

たとえば、ネスレが銀行から融資を受ける場合、銀行の貸付先や貸付方法は多岐にわたりますから、ほかの企業と競争をしなければならない。最高財務責任者が単に「ネスレです。１００万ドルの融資をお願いします」と言うわけにはいきませんよね。銀行側としても「理由は？」「用途は？」「信頼性は？」という質問を投げかけます。

最高製造責任者のケースでは、サプライヤーや流通業者からの協力を受けたいとき、相手を効果的に説得できなければいけません。そのときも、ただ単に「ネスレ日本です。協力して下さい」と言うわけにはいきません。

このように、マーケティングは非常に普遍的なものなのです。

高岡 まったくその通りだと思います。その点に関連しますが、コトラー教授はマーケティングは「世界をより良くすること」に貢献すると提唱されています。この点を、もう少し詳しくお話しいただけませんでしょうか。

コトラー わかりました。現在、私たちは地球温暖化、貧困や紛争といった地球規模のさまざまな問題に直面しています。私は、これらの問題を解決するためにマーケティングが必要だと信じています。なぜなら、マーケティングは「より多くの人のために、より良い世界の構築を目指すもの」だと考えているからです。むしろ、私はマーケティングをこのように定義する必要があると考えています。

私たちは生活、組織、社会をより良くするために、マーケティングを通じて人々のニーズを満たし、人々の自己実現を手助けしていかなければなりません。私は、このマーケティング活動を継続することで、さまざまな組織、地域、国家が改善し続け、最終的には世界全体がより良い場所になると信じているのです。

20世紀、マーケティングは企業が成長するために満たすべきニーズ、つまり誰に何を売るのかを決めるプロセスでした。21世紀に入ってからは、マーケティングは顧客の問題を解決することで、顧客の価値を高めるプロセスへと進化しています。

同時に、ビジネス以外の場面でも、マーケティングは人々の生活をより良い状態へ導くためのプロセスへと進化を遂げています。すなわち、社会や世界をより良い場所に変えていくことが、マーケティングの使命となっているのです。

3 マーケティングこそが、新たな時代の資本主義の原動力

コトラー　世界には多くの人がいます。しかし、世界の主流を占める資本主義下で成功

を収めた人たちは、ほんのひと握りにすぎません。これからは、すべての人々が恩恵を享受できるような、新たな段階の資本主義が必要とされています。それには、マーケティングの力が必要なのです。

高岡　コトラー教授の近著『資本主義に希望はある——私たちが直視すべき14の課題（原題：Confronting Capitalism）』（倉田幸信訳、ダイヤモンド社、２０１５年）にも、その点が指摘されています。この本の内容を、少し説明していただけますか。

コトラー　私は博士号を保有する経済学者ですが、経済学者の私がマーケティングに関与するようになったのには理由があります。

市場はうまく機能しなければなりませんが、そのためには顧客の意思決定や企業間の競争を知る必要があります。それがマーケティングです。そこでマーケティングに関する研究をしたいと思ったのが、マーケティングに携わるようになった理由です。

そのうち、資本主義という経済システムが万人に恩恵をもたらすことにも寄与したいと考えるようになりました。

高岡さんが挙げて下さった『Confronting Capitalism』には、14の課題を掲げていま す。これらはすべてマーケティングで解決可能な問題です。解決策のない問題について話をするのは、面白くないですからね。

そのひとつが貧困問題です。

これまでの資本主義下では、軽視されてきた問題です。企業はお金を持った人にモノやサービスを提供しますが、代金を払えない貧乏な人には何も提供しません。結果的に、社会福祉などを通じて貧困層を支援するのは、もっぱら政府の役割になります。

14の課題のふたつ目は所得格差の問題です。

資本主義のおかげで大成功するのは、世界の人口のわずか1パーセントです。非常に極端な富の集中が生まれていて、その傾向は悪化しています。なかには、中流階級層が減少している国もあって、労働者階級の現在の所得が１９９０年代の所得を実質的に下回っているケースも見受けられます。

それでは、資本主義でより多くの人が恩恵を受けるようにするにはどうしたらいいのでしょうか。その実現に向けて実践できる政策はいくつかあるでしょうが、たとえば税の抜け穴をふさぐなどの税政策や、社会福祉政策などがその一環となります。

高岡 非常に興味深い点です。現在、日本も多くの問題を抱えています。日本は新興国から成熟した先進国市場への移行を果たしましたが、現在では人口が減少に転じ、世界でもっとも高齢化が進む国のひとつになりました。日本の政府も国民も、先の見えない不透明な未来へと突き進んでいます。その状況を打破する意味でも、マーケティングは万人にとって重要であると私は考えています。

コトラー おっしゃる通りです。私は、マーケティングこそが社会の成長の原動力だと考えています。よく「マーケティングこそが、資本主義の原動力だ」と話しています。たしかに資本主義は素晴らしい供給システムです。モノやサービスを大量生産するという点で、資本主義に勝るシステムはありません。

しかし、それが機能するためには、十分な需要が構築されることが前提です。

人口がこれ以上増加しない、もしくは国民に十分なお金がないという場合、これまでの資本主義では生産水準に見合った需要水準を構築することはできません。ですから、消費者を増やすか、国民の所得を増やすかのいずれかが必要になってきます。どこで消費者が生まれるか。これを予測するのはマーケティングの役割です。

日本の場合、人口減少の解決策として海外から移民を受け入れるべきではないかという疑問が浮かび上がります。たとえば、アメリカはメキシコ人を受け入れたことで大成功しましたね。

高岡　その通りです。ヒスパニック系の人たちです。

コトラー　ドイツはトルコの移民が必要でした。トルコ人の消費者が増えたので、国内の成長が促されました。今のドイツを見て下さい。彼らは、よほどのことがない限りどの国からでも移民を受け入れるという方針を打ち出しています。

少し行き過ぎた感もないわけではありませんが、ドイツに労働者が必要だった事情を考えれば、マーケティング的には正しい政策だったと思います。

日本では、海外から移民が来ないうえに、子どもの数も減っています。かつてはひとつの家族に4人から5人の子どもがいたので、そこから成長が生み出されました。子どもが大人になって、また子どもを産みますからね。しかし今の日本は、純再生産率（1人の女性が生涯のうちに産む女児から、亡くなる女児を引いた平均値。1を上回ると人口が増えるとされている）が1を下回っているそうですね。

高岡 ええ。大きく下回っています。

コトラー 人口の減少によってひとつの世帯が小さくなるわけですから、需要は減ります。3人の世帯にテレビは4台も要りません。これは誰が見ても明らかな事実です。

人口が減っても、その人たちの所得が増えれば、モノやサービスの購入も促進されるから問題ないという声もあります。たしかに、少ない人口でも良質なモノを製造し、良質なサービスを提供していけば、裕福な人たちで溢れた社会が実現するかもしれません。

日本はデザイン性に優れた高級品の製造では世界一ですから、夢物語ではないでしょう。
しかし、これが日本にとっての最良のシナリオになるのでしょうか。私には、どうしてもそう思えないのです。

高岡　絶対に違いますね。私もコトラー教授と同じ意見です。

今後の日本の成長戦略には、とくに政府主導の膨大なマーケティングが必要になってくると思います。先ほどコトラー教授が言及された移民問題も、日本における今後の最重要課題になるはずです。近い将来、日本では移民に関する活発な話し合いが必要になってくると思います。しかし、残念ながら現時点では長老政治家たちがこの問題に触れようとしません。

たしかに、移民は多くの欧州先進国で社会的な問題となっています。一方でカナダやオーストラリアなどの一部の先進国は、移民政策を見事に成功させています。日本はこうした失敗例や成功例から多くを学ぶことができます。これこそが、マーケティングのプロセスにほかならないのです。しかし、そこに風穴を開ける人材がいません。

その多くの要因は、教育の問題にあります。

日本は依然として昔ながらの教育制度に依存していて、名門高校や有名大学に入学するには熾烈な競争があります。教育制度の多様化は実質的には実現されていませんし、昔ながらの杓子定規な競争しかありません。だから、知識やスキルを記憶することに長けていても、何かを変えようという創造力のある人間が育たないのです。

日本人は若い世代も含めて、既存の枠組みやルールを打破することに消極的なところがあります。これが日本の根本的な問題であり、イノベーションを創出するうえでの大きな障害となっています。

4 これからの日本に必要なマーケティングとは

高岡 コトラー教授は、このような問題を抱える日本という国において、どのようなマーケティングが必要だと思われますか。

コトラー　ほかの大学にとらわれることなく、創造性に興味があって、挑戦意欲のある若者を求める大学がもっと出てくれれば、何かが変わると思います。

社会問題を解決しよう、新しい技術を作ろうという挑戦ができる若者です。

日本の教育制度は、事実や知識を備える人材を養成するという点では素晴らしい成果を遂げています。しかし、新しいアイデアを生み出すという点では、優れているとは言えないかもしれません。

この問題について、もう少し話をさせて下さい。

日本全体にもっとマーケティングが必要だと言うのは簡単ですが、日本企業のマーケティングの現状はいかがなものでしょうか。

大半の企業にはマーケティング部門があり、コミュニケーション能力に優れた社員が働いているというのが私の印象です。

でも現状、顧客の望む商品を選んだり、顧客が求めている商品を開発したりすることは、彼らの仕事ではありません。彼らに求められるのは、商品ができたので宣伝して買ってもらえるように工夫して下さいということだけです。

マーケティング部門が、進出しようとする市場や開発する商品に対する意思決定力を持っていれば、商品の魅力をもっと高めていくことが可能になるはずです。顧客の購入意欲を高める意識的・無意識的な思考を把握するためのツールを持っているのは、マーケターにほかならないからです。

そのためにも、日本企業はまずチーフ・マーケティング・オフィサー（CMO）のポストを設けるべきです。イノベーションや流通・広告等のアイデア創出で有能な社員を組織していくにあたり、高岡さんとネスレは世界の模範となっていくと思います。

ネスレ日本は、デジタル・コミュニケーションも急速に展開されているでしょう。今や消費者とのコミュニケーションは、30秒のテレビコマーシャルに限りません。私の信条はこうです。

「デジタル化するか、さもなければ死か」

しかし、どのくらいの日本企業が30秒のテレビコマーシャルの信奉から逃れられているでしょうか。プロクター・アンド・ギャンブル社（P&G）は、すでに予算の35パーセントをデジタル・コミュニケーションに投じているといいます。

高岡　ネスレでも、グローバルではは依然としてテレビコマーシャルが中心です。

コトラー　そうですか。まずはそこを脱することが急務ですね。

マーケティング部門のトップは、日常業務の指揮などマーケティング部門に費やす時間を持たなければならないのは当然です。部門のトップは、その専門性を部門内で発揮しなければならないからです。

しかし、その時間を50パーセントぐらいに絞り込む能力と勇気を持っていなければ務まりません。残りの50パーセントは、最高財務責任者（CFO）、最高イノベーション責任者（CIO）、最高製造責任者との時間に充当するべきなのです。

企業の戦略は、企業のボードメンバーが決定するものです。日本企業のマーケティング部門長が他の部門長たちと集まって「どの市場に進出しようか？」「市場向けにどんな商品を開発しようか？」といった議論をしているかと聞かれたら、答えはノーでしょう。

日本の競争国の事例を挙げてみましょう。

韓国のサムスンを注意して見ていると、マーケティングの人間が意思決定に関わっていることがわかります。次世代テレビをどういうものにするか、次のスマートフォンの形状をどうするかといった意思決定です。

それだけではありません。一歩先に進んで、既存の自社のテレビやスマートフォンを時代遅れにするような開発をしていこうと取り組んでいます。この姿勢こそ、日本企業が真似るべきことではないでしょうか。

これは、自動車業界であれテレビ業界であれ家電業界であれ、まったく同じことです。

高岡 その通りだと思います。コトラー教授にも高く評価していただいた、ネスレ日本の「ネスカフェ アンバサダー」プログラムですが、職場は単なるコーヒーの流通チャネルではなく、素晴らしいメディアチャネルにもなり得ます。売り物がコーヒーであることに違いはないのですが、単なるテレビコマーシャルの枠に縛られず、商品を通じたエクスペリエンスを消費者に伝えていかなければなりません。

コトラー　コーヒー・エクスペリエンスですね。

高岡　そうです。だからこそ、メディアチャネルはどこにでも存在するのです。コーヒーショップでさえ、メディアのひとつなのです。

コトラー　よくわかります。

高岡　そうなると、当社のブランドを認知してもらうためであれば、レストランにマーケティング費用を投じることも可能になってきます。こうしたストーリーは、21世紀のマーケティングを遂行するうえで、とても重要なファクターです。

5 顧客の「認識していない問題」が大事

コトラー 先ほど、商品に対する消費者の意識的な欲望だけでなく、そこにある無意識の思考も追求するというお話がありました。ネスレ日本は「キットカット」で大成功を収めていて、さまざまな種類の新製品が販売されています。無意識の思考にもとづいて生まれたアイデアについて、少し詳しく聞かせていただけませんか。

高岡 世界的に見ると「キットカット」は高級食品ではなく、手軽に食べられるチョコレートバーです。

しかし、ネスレ日本ではこの20年で限定版などを通じた「商品のプレミアム化」に取り組んできました。季節限定だけでなく、お土産用の地域限定版も販売しています。季節限定、地域限定版の商品や風味の希少性が、顧客の心をつかんでいるのです。

「キットカット」の人気は日本で非常に高く、本国のイギリスを凌いで売上も利益も世界一です。

日本の消費者は、普通の「キットカット」だけでなく、特殊でサプライズ感のある「キットカット」を求めています。この無意識の思考には、以前から気付いていました。このような消費者は、ナショナルブランドに特別感やプレミアム感を求めていたのですが、同時にナショナルブランドの製品が工場で大量生産されていることも知っていました。数千円する有名高級チョコレートのような、ナショナルブランドのチョコレートがないことを当たり前だと考えていたのです。これこそが、顧客の認識していない問題でした。もちろんナショナルブランドの製品をいきなり数千円で販売しても買う人はいないと思いますが、ナショナルブランドの名を残しつつ、製品を徐々にプレミアム化していくことも可能だと判断しました。

そこで考え出されたのが「キットカット ショコラトリー」です。しかしながら、社内にはそのための専門性がありません。誰かのサポートが必要だということで、非常に有名なパティシエとコラボレーションすることになりました。

それが「ルパティシエタカギ」オーナーシェフ・高木康政氏です。高木氏には「キットカットショコラトリー」の全面監修、そして特殊でプレミアムな商品の開発に携わってもらっています。また店舗運営についても高木氏に全面委託しています。有名シェフとのコラボレーションで誕生した「キットカットショコラトリー」によって、ナショナルブランドである「キットカット」にクラフトマンシップ（職人の手作り）というプレミアムな価値が加わることで、ヒットに繋がったのです。

現在、主要都市の高級百貨店に8店舗を展開していて、連日、少なくとも30分から1時間待ちの行列ができています。

しかし、21世紀のマーケティングを考えると、リアルの店舗だけでは不十分なのでオンラインでも販売しています。これが「キットカットショコラトリー」の戦略です。

コトラー　マーケティング手法のひとつである「ブランディング」をなさっているということですね。世界にはたくさんのチョコレートがあります。その多くに商品名がついていて、工夫を凝らした製品もあるでしょう。「キットカット」を販売する際には、そのすべての商品と競合しなければなりません。ブランドを構築するとは、ストーリーを構築することなのです。ストーリーを作って、それを伝えるということです。

高岡　その通りだと思います。ブランドの背景にあるストーリーが大切です。

消費者の無意識のニーズという点でもうひとつの好例が、ネスレ日本が展開する「ネスカフェ アンバサダー」です。自分が働いているオフィス内でコーヒーが買えないからといって、文句を言う人はあまりいないでしょう。社内には自動販売機もあるでしょうし、近くにはコンビニエンスストアもたくさんあります。

しかし、「ネスカフェ」のコーヒーマシンが職場の片隅に設置されていて、しかも１杯の値段が20円から30円であれば、どんなに社員に喜んでもらえることでしょう。

驚くほど安い値段で、クオリティの高いコーヒーを職場で手に入れる。

これこそが、消費者の無意識のニーズなのです。

コトラー　その仕組みは、マーケターが使う４Ｐ、つまり製品（Product）、価格（Price）、流通チャネル（Place）、プロモーション（Promotion）のうち、流通チャネルが軽視されてきた部分にフォーカスしたということですね。

製品は素晴らしい。価格も知られている。プロモーションもいつでもやっている。もちろん外に出れば、どこかの店で商品が見つかるでしょうが、それを消費者のいる場所に持って来たらどうかということですね。

高岡　そうです。20世紀には職場に直接商品を持ち込むことは難しいことでした。でも今では、ｅコマースのおかげで宅配サービスが可能になっています。

コトラー　最後に、もう1点だけよろしいでしょうか。それは、日本企業のマーケティング担当者に求められる人材についてです。

１９３０年代、アメリカ消費財大手のプロクター&ギャンブル社がブランド管理という経営手法を開発したときは、マーケティングは単純なものでした。ブランド管理マネジャーがすべての活動内容を決め、その決定に全責任を負っていたからです。

しかし、時を追うごとにこの考え方は変わってきました。マーケティングは、さまざまな企業活動の融合であると考えられるようになったからです。

その結果、マーケティングは企業のＣＥＯが先頭に立って担うべきものになってきました。ただ単に宣伝や広告の内容、その予算を決めるだけではなく、顧客への価値提供やそのためのマーケティングの役割を定義することが求められるようになったからです。

とはいえ、マーケティングを狭い範囲でとらえている経営者が多いのも事実です。なぜなら、日本企業のほとんどのＣＥＯが、マーケターを経験していないからです。マーケティングの考え方がよくわかっていないので、消費者調査をして、コマーシャルを作ることがマーケティングだと勘違いしているのは無理からぬことです。

マーケティングは顧客の持っている問題解決をするためのプロセスです。

顧客の生活をより良いものにするための方法です。

解決策を作り、それを伝え、実行し、顧客に満足を与えることを目的とします。

マーケティングは経営そのもので、消費者に自社を愛してもらうことが最終ゴールなのです。それをわかっている人が、経営のトップに立つべきではないでしょうか。

その意味で、ぜひリチャード・ブランソンのような人材を見つけて下さい。ブランソンはイギリスのヴァージングループの創設者で、現在数百もの会社のCEOを務めている人物です。彼のような人物こそが、真のマーケターです。あるいは、次なるスティーブ・ジョブズを日本で探して下さい。

誰もが無意識に関心があるもので、提案されたときにすぐに惹きつけられるような素晴らしいソリューションを提案できる人です。

そうした人物を探し、彼らにイノベーションや創造力を生み出すための支援や自由を与えたら何が実現できるだろうか、といったことを考えてみる必要があります。

高岡　まったくその通りです。

これは私見になりますが、日本でもオーナー企業の経営者には素晴らしいマーケターがいるようです。しかし、一般企業のマーケティング部門の管理職となると、真のマーケターは数少ないと思います。

これが、日本の根本的な問題になっています。

そもそもＣＭＯがいませんし、ＣＥＯに昇進していく人材が、ＣＭＯを経験していないことが問題なのです。

コトラー　こうした考えが、日本企業にとって今後の参考になればと思います。日本そして日本企業の皆さんのご健闘をお祈りします。

高岡　ありがとうございました。

コトラー　ありがとうございました。

この対談で、マーケティングとは何かがおわかりいただけたのではないだろうか。

次は、問題解決のプロセスとしてのマーケティングの変遷と進化を振り返る。それを理解すれば、現在の日本企業がグローバル企業や新興国の成長企業の後塵を拝している理由がわかるはずだ。

第2章

マーケティングの変遷と進化

執筆

フィリップ・コトラー

1 マーケティング1・0から、マーケティング2・0へ

マーケティングは過去60年にわたって「製品管理」「顧客管理」「ブランド管理」という3本の大きな軸で発展してきた。

1950年代、1960年代の製品管理中心の概念から、1970年代、1980年代に顧客管理中心の概念に進化し、1990年代から2000年代にかけて、ブランド管理という軸が新たに加わった。人々の生活の変化に柔軟に適応してきたからこそ、マーケティングは魅力的であり続けたのだ。

ところが今でも、広告にお金を払い、顧客調査をすることをマーケティングだと考えている人は多い。それは日本人だけではなく、世界中にたくさんいる。この考え方は、過去においては事実である。しかし、世界は、急速に変化している。

欧米をはじめとする先進国の成長率は大幅に鈍化していて、より高い成長を実現して

いるBRICsやアジア諸国などに経済力が移行し始めた。しかしその破竹の勢いは長続きせず、世界は混沌とした状態に陥っている。

さらに、世の中のテクノロジーはアナログからデジタルに移行した。その結果、インターネットやスマートフォン、タブレット、ソーシャルメディアなどに変化し、生産者や消費者の行動に大きな影響を及ぼしている。

こうしたさまざまな変化により、マーケティングの本質も進化していく。マーケティングの本質は、マクロ経済の状況に対応して変化すると考えられるからだ。マクロ経済の環境が変化すれば消費者の行動も変化し、それがマーケティングを変化させる。マーケティングは、消費者の行動に依存する。

その前提にもとづき、先ほどの3本の軸について、私はマーケティング1・0、マーケティング2・0、マーケティング3・0という形で定義した。

1・0　製品中心（Mind）　製品の販売を目的とする。製品管理

2・0　消費者志向（Heart）　消費者を満足させることに知恵をしぼる。顧客管理

3・0　価値主導（Spirit）　より良い社会を実現するという崇高な目標を掲げて消費者の価値観に訴える。ブランド管理

では、このマーケティング1・0からマーケティング3・0への進化のプロセスについて、もう少し詳しく見ていくことにしよう。

ニール・ボーデンは、1950年代にマーケティングの手段を組み合わせて戦略を立てる「マーケティング・ミックス」という言葉を生み出した。1960年代には、ジェローム・マッカーシーが「4P」というフレームワークを打ち出した。これは、製品の開発や価格の決定、プロモーション、流通先の手配を簡潔に表現したものである。それからもマーケティングのコンセプトは、変化する環境に適応しながら進化を遂げた。

マーケティング1・0は、1950年代のアメリカで生まれた。このモデルは「製品中心」のマーケティングのことを指す。

戦後間もない1950年代のアメリカ経済の主役は製造業で、1960年代に入ってからも拡大を続けた。その状況下では、単純に製品管理に焦点を当てたマーケティング

コンセプトが発展したのは当然のことだった。

コア・テクノロジーが工業用機械だった時代、製品は誰もが所有するようなもので、マス市場のために設計されていた。規格化と規模の拡大によって生産コストをできるだけ抑えて安価な製品を作り、さらに価格を下げてより多くの消費者に買ってもらおうとした。

製品の機能が価値

この時代のマーケティングのもっとも重要な役割は、工場から生み出される製品を、すべての潜在的消費者に売り込むことだった。つまり、製品に対する需要を生み出すことである。マーケティングに求められたのは、そうした戦術的指針だけだった。

当時のマーケティングは、ファイナンス、人事などとともに、生産を支えるいくつかの重要な機能のひとつにすぎなかった。マーケティングがそれ以上の役割を求められなかったのは、１９５０年代から１９６０年代にかけて景気が上昇傾向にあったこと、多くの国が新興国の時代を歩んでいたことが原因である。

市場には圧倒的に製品が不足していたため、製品の機能そのものが消費者に対して価値を持っていたのだ。マーケターたちは自分たちの製品が最高のものであり、それをもって消費者の頭の中に到達したいと考えた。

1970年代に入って、オイルショックによるスタグフレーション（景気停滞下における物価の上昇）がアメリカ経済に大きな打撃を与えると、事態は一変する。経済成長は急激に鈍化し、消費者の需要を生み出すことが難しくなった。著しく需要が不足するなかでの打開策として、4Pはあまりに無力だった。

新製品を発売したからといって、それが消費者に届くとは限らなかった。他の製品との顧客獲得競争に敗れ、いつの間にか姿を消すことがたびたびあった。マーケティングが登場してから20年の間に、消費者は製品の購入にあたってより賢い判断を下すことができるようになっていた。

しかも、多くの製品は明確なポジショニングを持っていなかった。そのため、消費者のマインドのなかでコモディティ化（価格を最優先すること）していった。製品そのものので、消費者に付加価値を与えることが難しくなったのである。

このような環境変化に直面したマーケターは、より深く考え、より良いコンセプトを生まなければならなくなった。

消費者の需要を喚起するために、マーケティングは戦術的な次元から戦略的な次元に進化していく。効果的に需要を創出するには、あらゆるマーケティング活動において「製品中心」から「消費者中心」に移行しなければならなくなったということだ。

その変化は、製品やサービスがもたらす価値は企業が決めるのではなく、消費者が決めるという時代を形成させていく。

以降、セグメンテーション・ターゲティング・ポジショニング（STP）などといった戦略を含む「顧客管理」の考え方が、マーケティングに導入されていった。

それからは、4Pの確立よりもSTPの確立が重視されるようになっていく。この顧客管理（消費者志向）を主眼としたマーケティング2・0という戦略的マーケティングモデルの登場は、近代マーケティングの誕生を告げるものとなった。

これが、マーケティング2・0の起点である。

1980年代後半から1990年代にかけて、パーソナル・コンピューターの利用がビジネスの主流となっていった。それとともに、インターネットによるコンピューターのネットワーク化が進み、人と人との交流が拡大していく。

その変化は、クチコミによる情報伝達の促進を生み出した。消費者は多くの人とつながることで、十分な情報を手にすることとなった。情報はいつでもどこにいても手に入るものとなり、希少性を失っていく。

十分な情報を手にした消費者は、購入しようと考えた製品と、類似の製品を容易に比較することができるようになる。そうなると、製品の価値が消費者によって決められる傾向はいっそう強まっていく。

しかも、消費者の嗜好に統一性はない。消費者の暮らしは豊かになっているため、彼らは幅広い機能特性や選択肢の中から製品を選ぶことができる。

そのため、企業サイドの都合を優先した大量生産、大量消費型のビジネスモデルは崩れ去り、多品種少量生産型経済が到来したのである。

日本企業が信奉する考え方

こうした変化に対応するため、マーケターはマーケティングの概念を拡大しなければならなかった。需要を生み出すには、従来のポジショニングモデルで顧客のマインドに訴えるだけでは十分ではなくなったからだ。

そこで、マーケターは人間の感情に焦点を当てた。消費者のハートをつかもうとしたのである。ただ、消費者中心のアプローチは、残念ながら消費者がマーケティング活動の受動的なターゲットであるという見方を暗黙のうちに前提としている。

企業は顧客調査により顧客ニーズを調べ、顧客ターゲットを絞ってそれぞれのニーズにあった製品を開発し、広告宣伝し、販促することに注力していく。マーケティング２・０の考え方は、今なお多くの日本企業が信奉しているマーケティングの姿である。

しかし、依然としてマーケティング２・０に取り組んでいる企業の多くが、厳しい経済状況の影響をまともに受け、苦しんでいるのは皮肉なことだ。

とはいえ、マーケティング１・０とマーケティング２・０は、今後もある程度の意味を持ち続けるだろう。

セグメンテーションを行い、標的セグメントを選び、ポジショニングを定め、4Pを提供し、製品を中心にしてブランドを築く。これこそがマーケティングだという主張は、今ここで完全に否定されるべきものではない。

ただし、それは製品が不足している新興国でのみ有効だ。経済成長とともにビジネス環境が変化し、先進国の仲間入りを果たした国では、もはや意味を持たなくなる。

2 マーケティング3・0という新たな段階

21世紀になると、市場では企業の社会的責任が問われるようになった。企業は社会と同調した活動を行うよう求められている。

その一方で、マーケティング2・0にもとづいて市場に出回る製品の大半は高品質となり、企業にとっては製品の品質だけで差別化を図ることが難しくなってきた。

ソーシャルメディアの発達も、マーケティングに重大な影響を及ぼしていく。

顧客はマーケティング２・０の時代よりもさらに多くの情報を、無数に広がった情報源から入手できるようにもなった。この変化によって、企業は自社の社会的価値や顧客にとっての価値は何であるかを考え始めた。顧客と共創し、クラウドソーシングを活用しながら価値を生み出すマーケティングを実践するようになっていったのだ。

これをマーケティング３・０と呼ぶ。つまり、消費者の価値主導に主眼を置いたマーケティングである。

価値主導のマーケティングとは、消費者の気付いていない潜在的なニーズを探り、顧客を「全人的な存在」として扱うことを意味する。

マーケターは人々を単なる消費者とみなすのではなく、マインドとハートと精神を持つ全人的存在としてリスペクトし、彼らに働きかける。これは新興国というより、先進国で有効なマーケティングの段階である。

消費者は、グローバル化した世界をより良い場所にしたいという思いから、自分たちの不安に対するソリューションを求めるようになった。

混乱に満ち満ちた世界において、自分たちのもっとも深いところにある欲求、社会的・経済的・環境的公正さに対する欲求に対して、ミッションやビジョンや価値でソリューションを提供しようとしている企業を探している。選択しようとするサービスには、機能的・感情的充足だけではなく、精神の充足をも求めている。

マーケティング3・0

マーケティング3・0も、マーケティング2・0と同じように消費者を満足させることを目指している。しかし、マーケティング3・0を実行している企業は、より大きなミッションやビジョンや価値を持ち、世界に貢献することを目指している。もっとも大きな違いは、企業が社会の問題に対するソリューションを提供しようとしていることである。企業は生活者に製品やサービスを提供するだけの存在ではなく、精神的価値や社会的価値を提供する存在へと変化したのだ。

マーケティング3・0は、マーケティングのコンセプトを人間の志や価値や精神の領域に押し上げる。消費者を全人的存在ととらえ、消費者としての一面以外のニーズや願望もおろそかにしてはならないと考える。それゆえ、マーケティング3・0では感情に訴えるマーケティングを、精神に訴えるマーケティングで補うのである。世界的な経済危機の時期において、マーケティング3・0は消費者の生活により大きな意味を持つ。社会や経済や環境の急激な変化や混乱に、消費者はこれまで以上にさらされているからだ。

マーケティング3・0を実行する企業は、そのような問題に直面する人々に解決策と希望を提供し、より高い次元で消費者を感動させる。マーケティング3・0における差別化は、企業の価値によって進められる。環境が激変する混乱の時代には、強力な切り口になると言えるだろう。

ただし、マーケティング3・0の時代は、マーケティング2・0時代に有効とされたリサーチに頼っても他社との優位性を築くことはできない。顕在化したニーズで競争をすると、ただの価格競争しかもたらさないからだ。

3 マーケティング3・0の10の原則

では、マーケティング3・0を遂行するために必要な原則とは何だろうか。それを10項目にまとめたので、簡単に紹介しておこう。

①顧客を愛し、競争相手を敬う

ビジネスにおいて、顧客を愛するとは顧客に大きな価値を与え、彼らの感情や精神を感動させることによって、顧客のロイヤルティを勝ち取ることだ。

加えて、企業は競争相手を敬う必要がある。競争相手がいなければ産業そのものの成長ペースは遅くなる。市場全体を拡大させるには、競争相手の存在が不可欠だ。

競争相手を観察することで、企業は相手の強みと弱みだけではなく、自社の強みと弱みを知ることができる。これは、企業にとって非常に役立つものになるはずだ。

②変化を敏感にとらえ、企業は積極的な変化を

ビジネスは変化し続ける。競争相手は次第に数が増え、次第に賢くなる。顧客も同様である。こうした事実に無関心で変化を予想できなければ、企業は時代遅れになり、やがては死んでいく。時代が変化するときは、企業も時代とともに変化しなければならない。

③評判を守り、何者であるかを明確に

マーケティングでは、ブランドの評判がすべてである。ふたつの製品の品質が同等であった場合、人々はたいてい評判の高いブランドを選ぶ。企業は自社のブランドのポジショニングと差別化を標的市場に対して明確にしなければならない。価値を明確にし、決して放棄しないことが大切だ。

④製品からもっとも便益を得られる顧客を狙う

セグメンテーションの原則である。基本的に、ほとんどの製品市場は、次の4つの層から構成されている。

- グローバルセグメント（グローバルな製品や機能を求め、そのためには喜んで割増価格を払う顧客）
- グローカルセグメント（品質はグローバルだが機能はローカルな製品を、若干低い価格で手に入れたいと思う顧客）
- ローカルセグメント（ローカルな機能のローカルな製品を、ローカルな価格で手に入れたいと思う顧客）
- ピラミッドの底辺セグメント（入手できる製品のうち、もっとも安価な製品しか買う余裕のない顧客）

あらゆる顧客に訴えかける必要はないが、自社の製品を購入する可能性がもっとも高く、購入からもっとも便益を得ると思われる人々に確実に訴えかけるべきだ。つまり、自社が最大の便益を提供できるセグメントを狙うことが必要だということである。

⑤手ごろなパッケージの製品を公正価格で提供する

当然のことながら、お粗末な品質の製品を高い価格で売ってはならない。

真のマーケティングは公正なマーケティングであり、価格と製品が釣り合っていなければならない。お粗末な品質の製品を高品質の製品として売ることで顧客をだまそうとしたら、その企業は顧客からただちに見捨てられるだろう。品質を適性に反映させた公正な価格をつけるべきだ。

⑥自社製品をいつでも入手できるようにする

あなたの会社の製品を求めている顧客が、それをなかなか見つけられないということがあってはならない。

今日のグローバルなナレッジエコノミー（知識経済）では、情報技術やインターネットへのアクセスは不可欠だ。しかし、デジタル・デバイド（情報格差）は依然として世界の課題となっている。この格差を埋められる企業が、顧客基盤を拡大していくことになるだろう。あなたの会社の製品を、将来の顧客が見つける手助けが必要だ。

⑦顧客を獲得し、つなぎとめ、成長させる

ひとたび顧客を獲得したら、彼らとの良好な関係を強化すべきだ。顧客のニーズやウォンツ、選好や行動を完全に把握できるよう、ひとりひとりの顧客と個人的に知り合いになる必要がある。そして、顧客のビジネスを成長させるパートナーになるべきだ。これらは顧客関係マネジメント（ＣＲＭ）の原則である。

理性的にも感情的にも深い満足を感じて、あなたの会社の製品を買い続けてくれる消費者を引き寄せるということだ。このような消費者は、クチコミを通じてあなたの会社のもっとも熱烈な推奨者となる。

⑧事業はすべてサービス業である

サービス業はホテルやレストランだけが行うものではない。どのような事業を行っている企業でも、顧客に奉仕したいという気持ちを持たなければならない。

サービスはサービス提供者の気持ちの発露であって、義務と見なされてはならない。真摯な気持ちと心からの共感をもって顧客に奉仕するべきだ。そうすれば、その経験が

消費者のマインドに好ましい記憶として定着するのは間違いない。

⑨ＱＣＤ（品質・コスト・納期）の改善を

マーケターの仕事は、ＱＣＤの点で自社のビジネスプロセスを常に改善することだ。消費者や供給業者や流通パートナーに対する約束は必ず守らなければならない。品質、分量、納期、価格に関して、嘘や誤魔化しは決して行ってはならない。

⑩情報を集め、知恵を使って最終決定を

絶えず学び続けることが必要だ。人間の下す最終決定を規定するのは、蓄積された知識と経験である。それがあれば、マーケターは精神の成熟と心の清澄さに助けられ、もともと持っている知恵にもとづいて迅速に決定を下すことができる。

マーケティング３・０の全体像をつかむことができただろうか。

企業の行動や価値は、消費者からますます厳しくチェックされるようになった。ＳＮ

Sの発展によって、消費者は既存の企業や製品やブランドについて、機能的パフォーマンスだけではなく社会的パフォーマンスの観点からも情報交換できるようになっている。

しかも、新時代の消費者は、社会の課題や関心に敏感だ。

企業は自らを変革し、かつては通用していたマーケティング1・0やマーケティング2・0の領域から、できるだけ早くマーケティング3・0の領域に移行しなければならないだろう。

以上の10項目が、マーケティング3・0の要諦である。ところが、この10項目の要諦を実践している企業は、ほとんどない。

日本企業のほとんどはマーケティング2・0で止まっている。素晴らしい製品を作ることにリソースを投入し、消費者に満足してもらえることを訴えれば、勝手に売れるだろうと考えているのだ。

一方で、海外の新興国向けに進出し、そこで投入する製品のマーケティングは深刻だ。いまだにマーケティング1・0で止まっている。その国の消費者を見ることもしないで、日本国内の消費者と同じレベルの製品を押しつけている場合もあることは否めないのではないか。これでは、マーケティング２・０にすら、至っていない。

ただ製品を押しつけるのは、マーケティングの考え方ではない。どういうものがほしいのか、消費者に聞くことがマーケティング２・０である。マーケティングとは、どの地域においても現地の人々に則したものでなければならない。

日本企業には、まずマーケティング２・０の段階に進んでほしい。

さらには素晴らしい製品を作るだけでなく、本当に消費者が興味を持てるような美しいストーリーを語ることができる製品を作ってほしいのだ。

ネスレ日本をはじめ、一部の企業はマーケティング３・０まで進んでいる。最高の製品を消費者に渡すだけでなく、最高の体験を消費者に与えるだけでもない。人々がもっと幸せになってほしい、問題を抱えている人たちを助けたいという考えを持ってマーケティングをすれば、それがマーケティング３・０になるのだ。

私たちは、マーケティング１・０に止まる日本企業に、さらにその先に進んでいただきたいという思いから、本書を執筆している。ぜひとも、意識を変えてほしい。

4 これからはマーケティング4・0の時代に入っていく

今、マーケティングは新たな段階に移行し始めている。

これまで消費者は、メディアなどの影響を受けながら、個性をマス化させてきた。商品やサービスの購入を通じて、自分のライフスタイルをシェイプしてきたのである。

そこには、企業をはじめとする組織、地域のコミュニティーなど特定の集団への帰属意識が反映されていた。心理学者アブラハム・マズローが提唱した「欲求5段階説」を満たそうとしてきたのだ。

どのような社会においても、違った段階にある集団がある。

その段階によって、消費の質も違ってくる。たとえば、世界の貧しい国で貧困にあえぐ人に消費者の自己実現についての話をしても意味がない。なぜなら、自己実現をする以前の段階に、十分に食べるものがないという状態があるからだ。仮にそれが満たされたあとは、自己実現ではなく安全のことを考え、どこかの集団に帰属することを考える。

一方、先進国の多くの人は食欲などの生理的欲求、安全・安定といった安全欲求、友人・家族などの社会的欲求までは満たされている。社会的な帰属、愛の欲求という、自分を大事にしてくれるグループに属したい、そしてグループの人たちと協力していい生活を送りたいとの思いは、ある程度、叶うようになった。

しかし、やがてただ帰属するだけでは十分ではないと考える人が出てくる。それが自己実現の段階だ。先進国では、ほかの社会よりも自己実現を重視する人の方が多くなりつつある。人々のなかで、自己実現の欲求が高まっている。

自分が人間としてなりたいものになりたい。
自分が何者か示せるようになりたい。
自分がほかの人よりも傑出した人でありたい。
自分は特別な存在でありたい。

先進国に住む人々は、自我・自立からさらに一歩進んだ、自分の目的とするところを充足できるようなレベルを求めるようになってきた。ある特定のグループに所属するだけでは満足することができなくなり、自己の尊厳を保ちたい、自分自身を見つけたい、つまり自己実現を果たしたいという思いが高まってきている。

こうした流れは、ソーシャルメディアが後押ししている部分もある。

個々の声を周囲の人たちに聞かせたい。つまり、誰もがニュースキャスターのようになり、日常から自分の意見や世界に対する見方を発信し、自己表現する。これも一種の自己実現になる。

こうした時代背景のなか、個々の自己実現欲求を満たす製品やサービスへのニーズが台頭してきた。企業はそこにフォーカスしてカスタマイズした製品やサービスを提供するべきである。これを後押しするのが、マーケティング4・0である。

たとえば修道院に入って、自分自身のことを考える人もいるかもしれない。あるいは異なる教育的環境に身を置きたいと考える人もいるかもしれない。そこで必要なスキルを身につけ、起業家になりたいと考える人もいるかもしれない。それによって、自己の欲求を実現していくのは若い世代のやり方である。

自分は会社に入らなくていい。自分にはやりたいと思っている考えがある。創造的なことをやりたいと考えている。そういう人が出てきたときには、未来のスティーブ・ジョブズになれるかもしれない。未来のソニーの盛田昭夫さんになれるかもしれない。自分の欲求を持つということは、多くの新しいことが生まれることにつながるからだ。どうしたら自己実現をしようとする人たちの手助けをすることができるのか。マーケティングには、そういうことが求められる段階になってきた。

ネスカフェ アンバサダー

マーケティングを通じて個人の自己実現を助けることとは、組織や社会の問題解決につながっていく。逆に言えば、顧客の問題解決によって生まれた価値が、顧客の自己実現につながっていく。これからは、そんなマーケティングが必要になる。

その意味で、ネスレ日本が2012年から大きく展開している「ネスカフェ アンバサダー」というビジネスモデルが参考になる。ここで「ネスカフェ アンバサダー」の仕組みを簡単におさらいしておく。

このビジネスモデルは、「ネスカフェ ゴールドブレンド バリスタ」「ネスカフェ ドルチェグスト」などネスレ日本のコーヒーマシンをオフィスに無料で設置し、淹れたてのコーヒーを安い価格で楽しめるようにした仕組みである。

高岡さんが「ネスカフェ アンバサダー」の仕組みを思いついたのは、当時家庭外向けの全コーヒー市場における「ネスカフェ」のシェアが、わずか3パーセントしかなかったことがきっかけだという。家庭向けの全コーヒー市場におけるシェアが37パーセントもあったことを考えれば、それは手薄と言わざるを得ない状況だった。

家庭向けの残りのシェアを取ろうとするより、家庭外向けの残りの97パーセントを取ることに挑んだ方が、はるかに効率的だ。そう考えたことが、ターゲットをオフィスでの需要に絞り込んだ要因となった。

当時のオフィスでのコーヒーの状況を見ると、業績の悪化とともに企業はコストを極限まで切り詰めていた。それまでは企業の福利厚生費で飲めていたコーヒーを、社員は自己負担で買わなければならなくなった。

缶コーヒーは100円を超えるまでに値上がりし、カフェのコーヒーは数百円を出さなければ買えない。当時はコンビニエンスストアの１００円コーヒーもなく、ビジネスパーソンは「コーヒー難民」となった。

そこで、継続的にコーヒーを購入してもらうことを条件に、コーヒーマシンをオフィスに無料で設置し、安くておいしい淹れたてのコーヒーを提供するビジネスモデルを開発した。

この仕組みのキーマンは各オフィスの「アンバサダー」だった。ネスレ日本にこのビジネスモデルに参加することを申し込み、定期的にコーヒーを仕入れて代金を支払う。さらに、コーヒーマシンを管理するとともにオフィスでの集金の役割まで担うのがアンバサダーだ。

アンバサダーの負担は意外と大きい。しかし、アンバサダーは当初の予想を上回るペースで増え続け、２０１6年8月現在で26万人まで膨れ上がった。その要因として考えられるのが、マーケティング４・０の基本思想となる自己実現なのである。

以前の日本企業に比べて、最近は職場の人間関係が希薄になっていた。それには成果主義の導入も無縁ではない。インターネットやメールの発展によって直接の対話が減り、職場のコミュニケーションは希薄化していた。

そうした状況のなか、「ネスカフェ アンバサダー」はコーヒーを飲んだ人から「ありがとう」と言われる。あるいはコーヒーマシンの周りに人が集まり、そこでコミュニケーションが生まれる。自分がやったことが社内のコミュニケーションを改善し、人間関係を良くしたという自尊心が、アンバサダーのこころに生まれた。職場の人からも、あの人のおかげで楽しいオフィスになったという感謝の言葉が寄せられる。まさに、アンバサダーの自己実現に寄与したのだ。

高岡さんは「ネスカフェ アンバサダー」についてこう語っている。

「私たちが始めた『ネスカフェ アンバサダー』は、初めはマーケティング3・0に近づいていくステップのなかで生まれました。オフィスの中でいつでも安くておいしいコーヒーが飲めるようにという価値を作ろうとしたのです。このように、マーケティング3・0に取り組むなかで、マーケティング4・0のエッセンスに触れていく可能性はあると思います。これが自己実現を満たすマーケティング4・0だということではなく、マーケティング3・0によって顧客の価値を見続けながら、結果的に顧客の自己実現を達成していくものになっていくのではないでしょうか」

高岡さんは、すでに次の段階を見据えている。

「オフィスをもっと楽しい場所にしたい、働きやすい場所にしたい、コミュニケーションに溢れた場所にしたいという顧客の自己実現にフォーカスすれば、違った形になるかもしれません。これからは、そうしたマーケティングにも取り組んでいくつもりです」

マーケティング4・0

ネスレ日本が展開する「ネスカフェ アンバサダー」プログラムは、社内の会話を増やしたい、人間関係を良くしたいという顧客の願いを叶える取り組みだ。

顧客はネスレ日本を通じてオフィス内にコーヒーコーナーを設け、自分自身が主体的に作ったこのコーヒーコーナーが、社外にあるカフェに代わるコミュニケーションの場となることで、社内環境を良くしたいという願いを叶える。

これによって、自己実現が達成されるのである。この点から明らかなように「ネスカフェアンバサダー」は、マーケティング4・0の好例と言えよう。

最後に、高岡さんは、市場状況、顧客の欲求とそれに対応するマーケティングの関係を左図のように捉えている。彼は、市場状況に合わせて顧客の欲求（問題）は変化するので、企業はその変化する問題を的確に捉え、対応するマーケティングを通じて解決していかなければならないと説く。

モノに乏しい未成熟市場における顧客の問題は、生きるため、安全になるための製品がないことである、ここでは、まず製品を市場に供給しなければならない。この段階のマーケティングが1・0。ある程度モノが普及してくると、自分の社会的地位や家庭環境などに合った製品がないということが問題になる。この問題を解決するために、企業は、顧客をグルーピングし、ターゲット顧客を満足させるために製品の差別化に力を注ぐ。これがマーケティング2・0。さらに市場が成熟すると、顧客は自分の選択を周囲が認め、その選択を通じて自分が尊敬されるような製品やサービスがないことを問題に思う。そのため、企業は顧客を取り巻く環境や社会への価値を考慮した活動を行うようになる。マーケティング3・0。そして日本のように、環境や社会的価値を考慮したモ

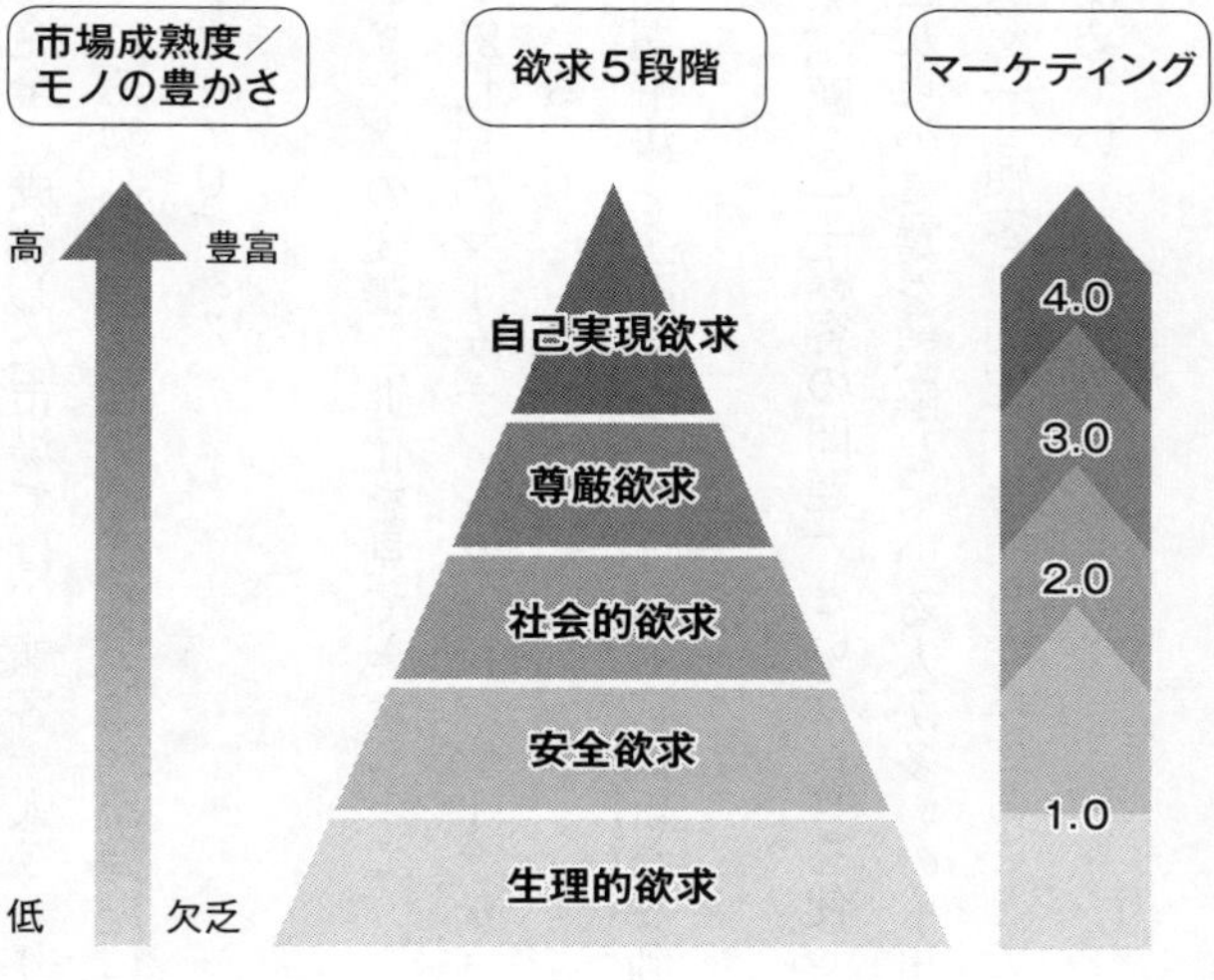
市場成熟度／
モノの豊かさ
欲求５段階
マーケティング
高
豊富
低
欠乏
自己実現欲求
尊厳欲求
社会的欲求
安全欲求
生理的欲求
4.0
3.0
2.0
1.0

ノやサービスが溢れた完全に成熟した市場では、顧客一人ひとりの可能性を引き出し、自分の願いを叶えてくれる製品やサービスが乏しいことが問題になる。この問題を解決するが、マーケティング4・0である。

本章では、マーケティングの変遷と進化を見てきた。

本書で提示している21世紀のマーケティングとは、マーケティング3・0とマーケティング4・0を指している。

いずれも、顧客の問題解決を主眼としていて、顧客に新たな価値を提供しようとするマーケティングである。

ここまで、何気なく「顧客」「顧客の問題」という言葉を使ってきたが、マーケティングだけではなく、これらの言葉を誤解している人が多いのも事実だ。

次章では、この「顧客」「顧客の問題」を明らかにすることで、21世紀のマーケティングに対する理解を深めていただきたいと考える。

第3章

「顧客」と「顧客の問題」とは何か

執筆

高岡浩三

1 「顧客」と「顧客の問題」を定義する

前章の最後に触れてあるように、21世紀のマーケティングにおいては「顧客」と「顧客の問題」の定義が重要になる。顧客の問題を解決すること、顧客に新たな価値を提供することが、21世紀のマーケティングの主眼になるからだ。

その前提に立つと、「顧客」がどのような対象であるのか、「顧客」がどのような「顧客の問題」を抱えているかを明らかにしない限り、「顧客」の問題解決ができないことはおわかりいただけるだろう。

そして、その場合の「顧客」「顧客の問題」の定義は、これまでのマーケティングの常識とは異なっている。まずは「顧客」の定義から考えてみよう。

これまでの顧客という言葉の概念は、いわゆる「お客さま」という言葉の概念とニュアンスが近かった。つまり、企業から見れば対外的な位置にあり、かつ自社の製品やサービスを「買っていただく」相手という意味だ。
しかし、21世紀のマーケティングにおける「顧客」の概念は、それとはまったく違う。

対外的な顧客＝すべてのステークホルダー
社内的な顧客＝その業務にとっての価値提供先

すべてのステークホルダーとは、従来からの顧客である「お客さま」をはじめ、「取引先」「株主」「債権者」「地域住民」「地域社会」までを含んでいる。たとえば取引先ひとつとっても、関連会社から下請け業者までと幅広い。対外的には、これらの個人・法人・非営利組織などが顧客としての対象となる。

一方、顧客は社内にも存在する。
この概念はこれまでほとんど語られてこなかった。わかりやすいのは人事部門だ。人事担当者が価値を提供する対象は、経営者からアルバイトまで、社内に存在する「人」すべてである。

採用の面から見れば、新卒であれば学生、中途採用であれば社外の社会人すべてが対象となる。自分の業務を遂行するうえで関連する、価値を提供する相手のすべてが21世紀のマーケティングにおいては顧客となる。

おわかりのように、21世紀のマーケティングにおける顧客は、非常に広範囲にわたっている。むしろ、自分以外のすべての存在が顧客になる可能性があると考えていい。言い方を変えれば、新たな価値を提供する範囲が広いということだ。

その意味で、21世紀のマーケティングによるビジネスの範囲は、20世紀のマーケティングによるビジネスの範囲よりも確実に広い。というより、これまで存在していながら見過ごされてきた対象を顧客ととらえるので、チャンスは無限に広がっているのだ。

大事なことは、無数に広がる顧客が抱える問題を、いったいどのようにして見つけていくかということに尽きる。その前提となるのが、「顧客の問題」とは何かということについての定義をしっかりとしておくことだ。

「顧客の問題」をどのように定義するかによって、マーケティングのプロセスや生み出すべき価値が変わってくるからだ。これを見誤ると、顧客の問題を解決する段階まで到達できないだけでなく、見当はずれの努力をすることになってしまう。

そこで、私たちは顧客の問題を次のように定義すべきだと考えている。

顧客が認識している問題（Conscious Problem）
顧客が認識していない問題（Unconscious Problem）

顧客が認識している問題とは、文字通り顧客が「ここに問題がある」「こうなってくれたら嬉しい」と認知している問題を指す。

この問題は、マーケティング２・０で行うリサーチやアンケート調査で把握できる。それに対してはマーケターを中心に企業のあらゆるリソースを駆使し、問題を解決する方法を考えれば、比較的容易に問題解決にたどり着くことができるはずだ。

一方、顧客が認識していない問題はこうだ。

現時点では顧客が問題として認知していないものの、第三者から指摘されると「自分では気付かなかったけれど、それが解決されればたいへん嬉しい」と気付くような問題を指す。これは、日本最大のイノベーションとも言えるソニーのウォークマンを例に説明すると容易に理解することができると思う。

ウォークマンが登場するまで、顧客には「音楽はホールや家で（主に集団で）楽しむもの」という常識があった。オーケストラやバンドが奏でる音楽を聴きにホールに行くか、レコード（当時はまだCDが開発中であった）を買って（借りて）レコードプレーヤーにかけ、アンプとスピーカーを通じて音楽に触れるなど、顧客の選択肢は少なかった。

その段階で、顧客に「身軽に音楽を持ち運びできない」という問題意識はなかった。そこへ、小型化・軽量化されたステレオカセットプレーヤー、ウォークマンが登場した。顧客の常識を破壊するイノベーションとなったウォークマンを初めて目にすることで、顧客にこんな問題意識が芽生えた。

「そう言えば、身軽に音楽を持ち運びできないのは不便だったね」

これこそ、顧客が認識していない問題である。

顧客が認識していない問題は、決してリサーチやアンケート調査で把握することはできない。認識していない問題を、顧客が言葉として表明できるはずがない。

ここで重要になるのが、顧客が認識していない問題をどのようにして把握するかだ。それについて、詳細は後述する。ここでは、顧客が認識していない問題が重要であるということを理解していただくだけで構わない。それが、21世紀のマーケティングの軸になることもあわせて覚えておいていただきたい。

2 時代とともに、顧客の抱える問題は変化している

かつてマーケティングの中心的活動であったリサーチでは、顧客が認識している問題をつかむことはできても、顧客が認識していない問題をつかめない。顧客が認識している問題をつかめば、たしかに一時的には需要を創出できる。しかし、それは長続きしない。競合相手に真似され、長期にわたって競争優位を保つことができないのだ。

一方、顧客が認識していない問題をつかめれば、破壊的なイノベーションにつながる

可能性は高い。それによっていったん競争優位を確立できれば、しばらくの間は保つことができる。やがて、そのイノベーションにも顧客の認識している問題が発生する。それをカイゼンによって修正していけば、一定の期間の競争優位は確保できる。

ただ、忘れてはならないことがある。顧客の問題は、顧客が認識しているか認識していないかにかかわらず、時代とともに常に変化しているという点だ。

かつて、顧客にとっては車を持つこと自体に価値があった。移動手段の確保としての車の存在が、顧客の問題解決となっていたからだ。

だがその後、鉄道やバスや航空機など他の交通網が発達すると、車を持つ意味は変化してくる。車を所有する人が増えてきたことと相まって、車を持つことの価値は単なる移動手段に加えて、より速く走ること、よりスタイリッシュなデザインの車を持つことへも重きが置かれた。生活必需品としての問題のみならず、趣味・趣向の問題も加わったのである。

時代は移り、景気の悪化によって所得が減ってくるにつれ、さらに車に対する問題意識が変わってきた。車を維持するうえで大きな要素を占めるガソリン代というコストを下げるため、車の燃費の向上が顧客の問題となった。

それらの問題が解決された今、顧客の問題はどこにあるだろうか。

「どうしたら事故を起こさないようにできるか」

おそらく、この方向に顧客の問題が変わりつつある。

先進国では高齢化が進み、高齢の運転者が増加している。そのため、これまでは考えられないような事故が増えている。

日本でも、警察庁の発表（交通局交通企画課）によると、２０１５年の交通事故による死者数（事故発生時から24時間以内）は、４１１７人となっている。過去最悪を記録した１９７０年の１万６７６５人に比べれば４分の１の水準に減少したとはいえ、いまだに１日あたり10人以上の人が亡くなっている。

死亡事故に至らなくても、交通事故による同年の負傷者数は66万５１２６人だ。これもピーク時からは半減しているが、深刻な数字であることに変わりはない。

しかも、交通事故は被害者だけでなく加害者の人生も一変させる。被害者・加害者の家族まで含めると、交通事故による「被害者」はどこまで膨らむのか想像もできない。

こうした不幸に見舞われる人をなくすにはどうしたらいいか。

この問題を解決するための手段として生まれるのが「自動運転」という発想だ。人が運転するという価値から、人が運転する必要がないという価値への転換だ。だからこそ、車とは縁がなかったが、世界中を詳細にとらえた地図というソフトパワーを持っているグーグルが勝つ時代になってくるのだ。これは、問題が変わったことによって、顧客に提供する価値が変化するという事例である。

若者の車ばなれ

日本では、若者が車を持たなくなっている。その要因はさまざまだ。

かつて、車がステータスの象徴だった時代があった。どのようなメーカーの、どのような車種に乗っているかで、その人のセンスが語られた。極端なケースでは、乗っている車が女性にモテるかモテないかの分かれ目になった。

今の若者は、将来に対して夢が描けなくなり、しかも賢くなっている。

収入が右肩上がりで増えないなか、車を買うことに対して慎重になった。駐車場代やガソリン代や税金などの維持費、車検や法定点検などの費用を考えると、ほとんど乗る時間がないにもかかわらず高額なお金を払うことに意味を見出さなくなった。

もっと掘り下げてみると、若者は車を持つことそのものに魅力を感じなくなってきてもいる。かつての若者と現代の若者との間に、問題の変化が生じている。

この問題を解決するための手段として生まれるのが「カーシェアリング」という発想である。車を所有するためのコストをなくし、車を持つという価値を提供するのではなく「車を使用する」という価値を提供する。若者にとっての車に関する問題が変化したことに気付いたから、こうした問題解決が生まれるのである。

同じカテゴリーの製品やサービスの中でも、時代とともに問題は変わっていく。

トヨタ自動車社長の豊田章男さんは、車が売れなくなったことに対して、次のような趣旨の発言をされている。

「若者がほしがる車がなくなったから、若者が車を買わなくなった。それは、メーカーに問題がある」

私は車が売れなくなった最大の要因は、顧客の問題が変わってきたことだと思う。

カーシェアリングのマーケットを拡大させることが顧客の問題解決につながるのは間違いないのだから、いち早く進出した企業がそれなりに金儲けができるのではないだろうか。

自動運転とカーシェアリング。

かつての自動車産業では考えられなかったようなサービスが、顧客の問題の変化とともに生まれようとしている。

この事実から見ても、新しい時代とともに変化する顧客の問題をとらえる能力を養うことが、企業にとってもっとも大事なことになるのは明白だ。

むしろ、顧客の問題の変化をとらえる能力を持ち、それにもとづいたソリューションを生み出せる企業だけが、顧客に新たな価値を提供できるのだ。

3 コーヒーに関する顧客の問題も変化を続けている

30年ほど前、ネスレのインスタントコーヒー「ネスカフェ」のコマーシャルでは、必ずと言っていいほどファミリーで朝食を囲んでいる場面が映し出された。

もともとファミリーで飲まれていた「ネスカフェ」の前提としてあったのは、５杯から6杯のコーヒーがすぐに淹れられるという発想だった。やかんでお湯を沸かすだけでファミリー全員のコーヒーが手軽に淹れられるからこそ、インスタントコーヒーに価値があるという考え方である。

レギュラーコーヒーの発想も同じだった。当時のコーヒーマシンは、ファミリー層の1回当たりの需要を満たす、４杯から5杯のコーヒーを淹れられるドリップ型のマシンが中心だった。

ところが、1世帯あたりの家族数が減り、単身世帯の数が増えてくるにつれて、コーヒーに関する顧客の問題は大きく変わってきた。

インスタントコーヒーを飲むにしても、1杯ずつお湯を沸かさなければならなくなって不便になった。レギュラーコーヒーでも、４、５杯用のコーヒーメーカーで、たった1杯のコーヒーをおいしく淹れるのは難しい。かといって、これまで通りに淹れると残ってしまう。あとで飲もうとしても、コーヒーが酸化してしまい、まずくて飲めない。

マグカップの上に乗せて1杯ずつ淹れるレギュラーコーヒーもあるが、これも1杯ずつお湯を沸かさなければならないという意味で不便さは変わらない。

ネスレ日本では、その問題を解決するために知恵を絞った。開発されたのは、ボタンを押すだけで1杯ずつ抽出できるコーヒーマシンである。

これは、コーヒーの味やクオリティの問題解決ではない。もっとおいしいコーヒーを飲んでいただきたいからと作ったコーヒーマシンではない。ネスレ日本が狙ったのは、インスタントコーヒーやレギュラーコーヒーを1杯ずつ飲むことが不便になったという問題を抱えた顧客に対し、利便性という価値を提供することである。

この問題を解決したことで、レギュラーコーヒーの売上が上がった。コーヒーマシンも飛ぶように売れた。すると、高齢者の単身世帯の顧客に関する新たな問題が判明する。それが、家族のつながりだ。

自分を育ててくれた親をひとり田舎に残して都会で暮らす子どもたちが、親のことを心配し、罪悪感も手伝って親にコーヒーマシンを送る。そんな行動を起こした。

その行動を見て、私たちは新たな問題に気付いた。年老いた親の安否確認である。その問題に気付けば、コーヒーマシンにセンサーをつけることで、コーヒーマシンを通じて親の安否確認ができるという価値提供が発想できる。今流行りの、ＩｏＴ（モノのインターネット）による問題解決だ。

30年前には誰も問題とは思わなかった問題が生まれている。だからこそ、その問題を見つけ、ピンポイントでとらえることが大事になる。

ただ、顧客の問題の変化に対応するうえでは、別の問題には手を付けないことも出てくる。

コーヒーマシンの例で言えば、極論するとコーヒーの味や香りを追求しない。今までの水準を維持することができれば十分という考え方である。顧客の問題がないところにこだわっても、独善的になるだけで意味はない。

実際、コーヒーの味と香りを高めるために、今後研究開発費を１００億円つぎ込んだとしても、「ネスカフェ」の味と香りは飛躍的に向上するわけではない。すでにインスタントコーヒーから、微粉砕された焙煎豆が包み込まれているレギュラーソリュブルコーヒーを開発したことで、コーヒーマシンを使わなくとも淹れ立ての香りと味わいを楽しめる、おいしいコーヒーが飲めるというイノベーションは完結している。そこに、今さら経営資源を投入することにほとんど意味はない。

むしろ、常に変化する顧客の問題をつかみ、その問題解決をするためのイノベーションに経営資源をつぎ込む方が理にかなっている。

4 顧客の問題の変化はあらゆる業種で起こっている

顧客の問題の変化を、別の事例で説明しよう。

欧米のスーパーマーケットは、いくつかの大資本に集約された。それは、日本のスーパーマーケットのように豊富な生鮮食品を扱っていないからだと考えられる。すべて同じものを売っているケースでは、経済論理として働くのは「大か小か」が大きい。

日本のスーパーが集約できないのは、生鮮食品を扱っていて、しかもその生鮮食品が地域によって少しずつ異なっているからだ。全国レベルの大きなプレイヤーが、バイイングパワーを発揮できない構造になっている。

これが果たしていいことなのかどうか。その問題についてはのちほど触れる。

一方、家電量販店は集約が進んでいる。これについては、欧米のスーパーと同じ論理で説明できる。しかも、家電量販店の品揃えは絶えず変化している。

たとえばヨドバシカメラは、その社名の通り、かつてはカメラを品揃えの中心としていた。しかし、時を追うごとに家電にシフトしている。これも、顧客の問題が変化したことへの対応である。

家電量販店の品揃えは、さらに変化をし続けている。

昔は冷蔵庫、洗濯機、炊飯器という3種類の白物家電と、テレビやステレオなどのオーディオ機器だけでよかった。しかし家電が多角化し、発達し、パソコンやスマートフォンなどが生活必需品になってくると、こうした商品をすべて揃える方向へシフトしていった。

今では、純粋な家電だけではなく、自動車やリフォームの部材まで売るようになっている。それは、顧客がそこまで求めているという問題の変化にほかならない。

結局、顧客の求めるものは、顧客の問題からしか生まれない。それが時代とともに変化していくならば、必然的に業態も変わらざるを得ない。

車は、毎年のようにモデルチェンジを行う。パソコンもそうだ。しかし、これは顧客がその製品に飽きたからやっているわけではない。

新たな需要を創出するために、最新のテクノロジーを小出しにするという戦略があることは否定しない。それを考慮しなければ、顧客の飽きよりも顧客の問題点の変化の方が本質的には重要だと思う。

つまり、顧客がその製品に飽きたということは、顧客にはすでにまったく別の新しい問題が生まれているということだ。重要なのは、その問題をつかむことだ。マーケティングは、おそらくその繰り返しである。

日本が新興国だった時代、車は憧れの存在だった。人よりも早く、新しくスタイリッシュな車に乗りたいという顧客の問題があった。その問題を解決する手段として、モデルチェンジというソリューションが生まれたのではないか。

日本では、長い間トヨタのカローラという車種がもっとも売れる車だった。価格も手ごろ、それなりの性能を備えたカローラは、大衆車として人気を集めた。

そのカローラも、モデルチェンジを繰り返してきた。しかし、その要因は顧客がカローラに飽きたわけではない。デザインや性能を少しずつ変えながら、顧客の問題を解決する機能を加えていくことが、カローラのモデルチェンジだったのである。

ただし、そのモデルチェンジが有効だったのは、日本が新興国であった時代だと思う。右肩上がりに成長し、ほしいモノがたくさんあった時代には、少しずつのカイゼンで顧客の問題を解決できた。そうした時代は、たしかにあった。これは家電もそうだ。少しずつのモデルチェンジ、少しずつ新しい機能を付加していくことで、顧客の需要を創出することができた。

しかし、今はそういうわけにはいかない。

顧客の問題が突然変わり、それまでの問題と地続きではない問題が出てくるのが21世紀という時代だ。顧客の問題の本質はどこにあるのか。それを必死に考えるしか、顧客の問題解決にたどり着くことはできない。

5 営業マンの数を3分の2にした問題解決

ここからは、いくつかの具体例をもとに「顧客」「顧客の問題」「顧客の問題解決」について解説していく。そこから、これらの本質を体感していただきたい。

もっともわかりやすい事例として挙げられるのは、営業部門だろう。

ネスレ日本では、この5年間で営業の人員を600人から400人に減らした。100人は退職などの自然減、100人は「ネスカフェ アンバサダー」といった注力している新しい部署への異動だが、3分の2にまで減らすというのは、かなり大きなインパクトだった。

日本の小売業界の状況は、スーパーマーケットという業態が厳然とそびえ立ち、そこにディスカウンターやドラッグストアが戦いを挑み、一気に力をつけてきたという流れである。このふたつの業態の違いは、ビジネスモデルの違いである。

スーパーマーケットは「ハイ&ロー」モデルである。

定番商品は一定の価格を維持し、一方で毎週のように特売商品を設定し、陳列棚を並べ替え、広告を打って顧客を集めるやり方だ。

一方のディスカウンターは「ＥＤＬＰ（エブリデイロープライス）」だ。ある商品の納入を一度決定すると、よほど売れ行きが悪くない限り、基本的にそのまま陳列し続ける。商品を山積みし、基本的に陳列棚も並べ替えない。その値段は３６５日変わらない代わりに、納入時の価格設定の条件は厳しい。スーパーマーケットから見れば、ディスカウンターを優遇しているようにも見えるほどの水準だ。

そのため一般的には、スーパーマーケットの方がディスカウンターよりも利益率が高く考えられるだろう。

しかし、ネスレ日本はそう考えない。なぜか。ディスカウンターに通う営業マンを減らせば、むしろスーパーマーケットよりも高い利益率を確保できるからだ。

ディスカウンターは、新商品の納入が決まり、価格を決めると、その後営業マンが店舗に通う必要がない。先ほどお話しした通り、価格交渉の必要がなく、陳列棚の並べ替えの手伝いをする必要がないからだ。

にもかかわらず、これまでの営業マンはスーパーマーケットと同じ感覚で、行く必要のないディスカウンターに通っていた。その理由を尋ねても、明確で合理的な答えは返ってこない。

そこで、営業マンの数を減らすことにした。数が減れば、1人当たりの業務量が増えることになる。必然的に、無駄な業務を減らさなければならなくなるからだ。

結果的に、価格決定などの必要なとき以外に営業マンがディスカウンターに通うことはほとんどなくなった。それでも、売上はまったく減らなかった。

目論見通り、利益率はかえって上がった。いかに無駄な行為をしていたか、数字が証明した。むしろ、営業マンをもっと減らせる根拠になった。

営業マンの問題

この事例から、「顧客」「顧客の問題」「顧客の問題解決」を抽出してみよう。

まず、マーケティングを行う主体は誰か。この事例の問題意識を持ったのは経営者である私だが、ネスレ日本の場合は営業部門に専任の財務担当者を置いているので、実際にかかっているコストを計算するのは彼らの役割である。したがって、マーケティングの主体は経営者と財務部門ということになる。

では、顧客は誰か。営業である。営業の問題を検討するので、営業マンが顧客になるのはおわかりいただけるだろう。

顧客である営業マンの問題は何か。

営業マンは認識していないが、スーパーマーケットやディスカウンターに通うことによって、コスト（人件費）が計上される。その問題をつかむため、財務担当者は営業部門の損益計算書（Ｐ／Ｌ）を作成する。

そのプロセスはこうだ。

スーパーマーケットでは、メーカーの人間が棚卸しを手伝うことがよくある。あるいはメーカーは自社の商品が特売に入ったときには、何人かの営業マンがスーパーマーケットに足を運んで商品を積み上げ、ＰＯＰを貼る作業を行う。

この作業に携わった営業マンの人件費は、すべて営業部門の一般管理費に該当する。これをＰ／Ｌに反映させれば、ある事実が見えてくる。

スーパーマーケットには、ディスカウンターほど低価格で納入していない。しかし営業マンの人件費がかなりかかっている。

一方、ディスカウンターには、スーパーマーケットより低価格で納入している。しかしながら、本来は必要のないディスカウンターへの訪問を行わなければ、その分の人件費がかからない。ディスカウンターに対して低価格で納入しても、むしろスーパーマーケットよりも利益が出るという状態になる。

日本企業は、納入価格しか見ていない場合が多いのではないか。

営業のコストを部門別に見ていないのは、マーケティングの意識がないからだ。マーケティングをリサーチやコミュニケーションとだけとらえているから、そうした発想が浮かんでこないのだ。

だから、ディスカウンターに人を送る必要がないことを思いつかない。スーパーマーケットとディスカウンターの業態の違いを考えようとしないからだ。

マーケティングの出発点は、顧客の特定と顧客の問題の特定だ。そのために、基本的な状況認識をするのは基本中の基本である。何が同じで、何が違うのか。それを把握することなしに、問題解決は始まらない。

この発想をベースに、ネスレ日本の社員から新たな提案が上がってきた。

ネスレ日本では、ヘルスサイエンス部門の営業マンが病院に通い、医師との間で商談を行っている。しかし、そこには大きな問題があった。

一般的に製薬メーカーの営業マン（ＭＲ）は、勤務時間のうち実際に商談にあてている時間は少なく、彼らが多くを割いているのは、短い面会時間のために医師の診察が終わるのを待っている時間だ。ネスレ日本のヘルスサイエンス部門も、医師をはじめとした医療関係者を商談相手としているため、その営業スタイルには類似点がある。

しかし、それはまったく無駄な時間だ。スーパーマーケットとディスカウンターのケースで説明したように、医師を待っている時間にも、営業マンの人件費はかかっている。その時間は、まったく収益を生んでいない。

社員の提案は、営業が医師に対し効率的な情報提供を行う仕組みだった。タブレットを使用し、医師に対してショートムービーで効果的な情報提供を行い、１回１回の提案機会を最大化するというものであった。

これをさらに応用すると、医師を直接訪問しない仕組み、たとえばネスレ日本の負担でタブレットを渡しておき、医師の空いた時間にテレビ会議で商談を行うという仕組みなども考えられる。

これは、経営サイドから見た問題解決でもあり、営業マンの問題解決でもある。そこから一歩進めれば、ヘルスサイエンス部門の営業マンにとっての顧客である医師の問題解決にも寄与する取り組みになる。

将来的には、交代制で深夜の勤務に就いているような医師のワークスタイルに合わせた営業活動も実施する必要がある。

急患が入った場合はともかく、医師は昼間の時間帯より深夜の時間帯の方が比較的自由になる時間がある。その時間を利用して、タブレットを介した情報提供を進めるのだ。これは、時間の限られている日中に商談に応じなければならない医師の問題解決にもなり、お互いにとって効率化を図ることができる。

営業現場の生産性が上がらないのは、営業に関するさまざまな問題を見ようとしていないからだ。この事例からも、顧客と顧客の問題をしっかりと見ることが、いかに重要なことかわかっていただけると思う。

6 女性の活用は「モビリティ」問題の解決でクリアできる

ダイバーシティ*の問題を語るとき、必ず出てくるロジックがある。

日本は少子高齢化によって人口が減っていて、同時に生産労働人口が減っている。だから女性を活用しなければならない——。

果たして、このロジックは正しいのだろうか。

現在の日本で人手不足に陥っている職種がある。たとえば建設業の現場作業員、運送業のドライバー、あるいは介護サービス業のヘルパーといった職である。これらは、厳しい労働に見合うだけの給与を得ることができていない。だから、多くの人が就業を避ける傾向がある。人が足りなくなるのは当然である。ここには、労働コストの不平等な分配という日本社会の問題がある。スイスやドイツでは、専門学校卒業生に総合大学卒業生並みの給与を保障している。

＊企業で人種、国籍、性、年齢を問わずに人材を活用すること。

一方で、これからはますますホワイトカラーは人余りになっていく。皆が大学に行きたがり、ホワイトカラーになっていくからだ。

しかし、ホワイトカラーの生産性は、先進国でも最低水準である。先ほどお話ししたように、ネスレ日本の営業マンを600人から400人に減らしても、むしろ収益構造が改善したことがそれを証明している。

しかし、人工知能（AI）などの発達が進んでいけば、これからはホワイトカラーの生産性はもっと高まっていくだろう。人手不足の問題は、ホワイトカラーに関してはほとんど問題は起こってこない。

問題は、前述した労働に見合うだけの給与を得られない職種だ。そのほとんどがきつい肉体労働を伴うものだが、肉体的に過酷な労働を女性に担わせるのは現実的だろうか。つまり、人手不足の問題と女性の雇用の問題を結びつけるのは、そもそも筋違いなのである。それは、「ダイバーシティ」の問題である。

日本は、少し形が崩れてきたとはいえ、依然として終身雇用の色は残っている。終身雇用が定着している企業において、女性のキャリアの最大の敵は結婚や出産だけではない。「モビリティ」である。

自身の転勤を伴う異動や、夫が転勤したときに一緒についていかなければならないという問題が、女性のキャリアを邪魔しているのだ。そのことを誰も言わないのが、不思議でならない。

ネスレのインターナショナルスタッフは、自分の母国を捨てて、あらゆる国を転々とする働き方を受け入れなければならない。基本的にそれを受け入れた人間しか、執行役員にはなれないというルールがある。ネスレグローバルには25人の執行役員がいるが、女性は10パーセントもいない。その女性執行役員も、その前提を了解したうえで入ってきた中途入社の人材である。

そもそも、日本国内でもたやすく動けないのに、母国を捨てて海外を転々とできる女性がどれほどいるだろうか。まして、結婚していればなおさらだ。

ネスレ日本では、２０２０年までに管理職の20パーセントを女性にするとコミットしている。これは私のなかで計算があって、転勤を必要としないキャリアで昇格できるポジションが、20パーセントあるからだ。

全国に転勤する可能性がある営業職は難しいだろう。工場長も難しい。全国に3ヵ所ある工場をすべて経験しないと、工場長としては経験不足である。だから20パーセント以上のコミットはしていない。達成できない目標をコミットするほど愚かなことはない。

女性を活用したいのであれば、すべての企業で人材の流動性を高め、モビリティの問題を解決しなければならない。

そのうえで、女性社員には人事、サプライチェーン、財務やマーケティングなど、自分の専門性を磨く機会を与えることが必要だ。

このふたつの条件が整えば、たとえ結婚して夫の転勤で働く場所が変わっても、専門性を活かせる企業はいくらでも見つかるはずだ。

日本全体が変われば、女性の活躍する場所はもっと増えるはずだ。

このケースでは、「顧客」は女性と企業に特定できる。「顧客の問題」は、女性にとってはキャリア形成、企業にとっては女性の活用ということになる。その問題解決が、私が提案したプランである。

そもそも、女性は優秀である。実際、それを知っている人は多いはずだ。

ネスレ日本でも、ここ3年間で「ネスカフェ アンバサダー」の契約件数で表彰されているのは、ほとんどが女性である。しかも、元契約社員だ。契約社員で入社した社員のバイタリティは、驚嘆に値する。

ダイバーシティに関する口実のために女性を活用するという発想ではなく、企業の重要な戦力として不可欠な存在としてとらえなければならない。それは、顧客の問題を正確にとらえることを考えれば、容易にわかることである。

7 採用の問題は本気度を測る課題の導入で解決できる

どの企業も、採用活動にあたっては、相当な数の応募に対応しなければならない。人事部門の担当者の負担は、計り知れないほど大きい。その問題を解決するため、もっとも効率的だと信じられているのが、応募者の出身大学による振るい分けだ。

これは、問題解決からはもっとも遠く、まったく頭を働かせていないやり方である。

ネスレ日本では、その問題解決のために「Nestlé 8 Days Mission」という採用試験方法を導入した。ネスレ日本を志望する学生に対して8日間立て続けに答えなければならないミッション（課題）を送り、それをクリアできるか否かによって、学生の「熱意」「コンピテンシー*」を測ろうというものである。

8日間にわたって毎日答えのない難解な課題に取り組み、自分なりに考えて回答を送るというのは、ネスレ日本に対する熱意がなければ続かない。

私たちが入社してほしい学生は、イノベーションを創出できる人材だ。それを発掘するのが採用活動と考えている。ミッションに対する回答を分析し、コンピテンシーベースでアセスメントを行うのはそのためだ。

このアセスメントとは、次の7項目である。

「創造力」「ビジョン構築力」「影響力」「関心の幅」「分析力」「活力」「コミュニケーション力」

内容をイメージしていただくため、過去にどのようなミッションが課せられたか、参考までにいくつかの設問をご紹介しよう。

＊優れた業績を上げている人の「行動特性」のこと。

①次の特定業界の動向について、それを引き起こしている原因を想像してください
「トクホ（特定保健用食品）市場６１３５億円　前年を下回り、僅かに減少」（２０１５年４月１日）

②戦国武将・織田信長が下記の言葉を残したそうです。彼がこの言葉を言うに至った背景や想いを想像してください
「人城を頼らば城人を捨てん」
これは、城に依存するなという教えを説いた言葉であるとされています

③もしあなたが「T市」の市長選挙への出馬を打診されたとしたら、あなたは有権者に対して、どのような市の将来像を説明しますか
「T市は面積は小さいが、大都市への通勤圏内として発展した人口50万人の市。近年は高齢化が進み、財政は厳しいが、自然の観光資源や大学誘致もそれなりに成功している」

④もしあなたが左記の企業の社長だったら、全員ミーティングでどのようなスピーチをしますか

「創業から8年、社員数45人のベンチャー企業。農業関連情報ウェブサービスを提供し、前年度の売り上げはその前年から大幅に増えて6億円に達した。引き続き売り上げは急増しているが、いまだに利益は出ておらず、社員も多忙を極めていて、疲弊感が常態化している。社長を含めた全員がさまざまなテーマについて話し合う全員ミーティングを不定期に開いているが、今回は半年ぶりの開催となる」

ある年の8問のミッションのうち、半分の4問をご紹介した。

初日から8日目に向かうにつれて、だんだんとミッションの内容が複雑かつ難しくなっていく。私たちは、その高いハードルを乗り越え、しっかりと自分の頭で考え、答えを導き出そうとする学生がほしい。そのための振るい分けを行っている。

このケースで、顧客は誰か、顧客の問題は何か、おわかりになるだろうか。

採用に関する人事担当者の負担が大きいという問題に対する解決なので、顧客のひとつは人事部門と考えられる。

私たちが知りたいのは、学生の本気度だ。どれだけ優秀でも、別にネスレ日本でなくてもいいという本気度の少ない学生に、リクルートで無駄な時間をかけたくない。本気度をクリアした学生だけが、次のインターンシップ型の採用プロセスに進むことができる。基本的には、日本企業のように試験や面接では決めない。

本気でネスレに入りたい学生にとって、いい加減な気持ちで志望する学生は邪魔でしかないという問題もある。本気ではない学生を絞り込む問題解決とも考えられるので、顧客は学生とも言える。

この「Nestlé 8 Days Mission」を含めた、ネスレの採用システム「ネスレパス」は、大学1年からエントリーすることが可能だ。選考時期は年３回設けており、学業などの状況によって学生側で選べる。

したがって、巷で話題になっている、企業側の「早く就職活動を解禁してほしい」、大学側の「勉学に支障が出るから解禁を遅らせてくれ」などという言い分を聞くと、顧客の問題を見ていないことが明確になる。企業がいつでも好きなときに門戸を開けるようにすればいいのだ。

大学も、就職活動を理由に勉強ができないという学生には単位を認めなければいい。

実際「Nestlé 8 Days Mission」を受けた学生が、ブログにこう書いている。

「個人的にはかなり難しかった。というか、自由度が高かったので、どこまで自分の設定を書いていいか、何が正解なのかが皆目見当がつかなかったから、1日中考え込んだりもした。ただ、それ以上にわくわくした内容だった。実際に自分ならどうするかを考えて、それを文章に表していくというプロセスが、今までの就活で味わったことのない斬新なものだった」

そして「ネスレ日本の採用試験を受けてよかったと思う」と結んでいる。学生も、現在の新卒一括採用に疑問を持っているのだと思う。その問題を解決するひとつの方法が、ネスレ日本の採用形態である。新卒一括採用を望んでいるのは、一部の大企業だけではなかろうか。

このシステムに変えたことで、本当に優秀な人材が入社したかどうか判断を下すのは早すぎるが、ただ、学生を受け入れた部課長クラスはこう言っている。

「自分たちの時代にこのシステムがあったら、自分は入ることができなかった」

社員がそう感じるほど、優秀な学生が入っているという。

しかし、入ったときは優秀だったとしても、それが長続きするかどうかはまったく別の問題だ。むしろ、採用活動で優秀な人間を採用できたかどうかを議論することそのものに意味はない。優秀かどうかを測る基準は何なのか。どのようにチェックすれば優秀だと判断できるのか、こちらが聞きたいぐらいだ。

働くということは、答えのない問題に向き合い続けることだ。

ネスレ日本では、答えのない問題に向き合う意思と能力があり、人と違った方法で本気でネスレのことを考えてくれる学生を選んでいるにすぎない。育て方が悪ければ、優秀な人材には育たない。

人は置かれた環境で変化していく。タフな状況でどこまで揉まれていくかによって、人としての伸び率は変わる。ネスレパスは、最低限、タフな環境に耐えて、かつ自分の考えを持てる人材かどうかを見るための採用の仕組みなのだ。

人事は、意外にやらなければいけないことが多い。人事にとっての顧客も幅広い。従業員はもちろん、リクルートを担当する人間にとっては学生、学校が顧客になる。この分野は、顧客の問題の変化が著しい。にもかかわらず、顧客の問題をとらえられていないうえ、問題解決ができていない領域である。私が社長に就任してからもっとも問題解決を求めたのが、ここでご紹介した人事と営業である。企業にとって重要なポジションであるがゆえ、もっとも変えにくく、変えるとなったら強烈な軋轢があるからだ。

しかし、マーケティングの発想を持てば、顧客の問題を見つけやすくなるはずだ。顧客の問題が正しく認識されていれば、極端な抵抗は受けないだろう。マーケティングは、売上を上げるためだけのものではない。企業体質をより強固なものにしていく経営のノウハウそのものでもあるのだ。

8 インターネットによる問題解決の力

これからのｅコマースの世界は、小売マーケット（スーパーマーケットなど）と異なる動きをするだろう。ブランド力のあるところ、大きなところがひとり勝ちする時代ではなくなる。21世紀は、ブランドマーケティングが通用しないかもしれない。問題解決のアイデアさえあれば、小さいところでも勝てるからだ。

それを証明する現象が、アマゾンのマーケットシェアに表れ始めた。たとえば、ミネラルウォーターの世界である。

スーパーマーケットでもっとも売れているミネラルウォーターと、アマゾンでもっとも売れているミネラルウォーターは違う。その違いは、ｅコマースでは検索で商品を選ぶという点にある。目的のキーワードによる検索、たとえば「健康」「水」という検索でトップに出てくるミネラルウォーターが、必ずしもスーパーマーケットでもっとも売れているミネラルウォーターとは限らない。

検索するという行為では、かなりの確率で顧客の問題が発露する。しかも品揃えは無限。小売マーケットの「ゲームのルール」がまったく適用されない。

中国は、日本よりもｅコマースが発展している。それは、広大な面積の国土をカバーするだけの店舗を置くことができないからだ。

その筆頭は、中国の国内向けeコマースで6割のシェアを握る、流通最大手のアリババ集団である。今、アリババでもっとも伸びているのは「農村タオバオ」での売上だ。田舎の農村でリアルの店舗がないところに、2014年の終わりから拠点を作り始めた。それからわずか1年ほどの期間で、1万4000拠点まで数を増やしている。

農村タオバオには、パソコンが備えつけられている。自分のパソコンやスマホを持っていなくても、その拠点でインターネットにアクセスでき、商品を購入できる。

中国の農村にはインターネットが普及していない。北京や上海などの大都市は何の問題もないが、一説には6億人が住むと言われる農村は、リアルの店舗もなければeコマースも利用できない。いわゆる「買い物難民」であり、「情報難民」でもある。

しかも、中国では広大な国土を網羅する配送網が整備されていない。仮にeコマースで商品を購入できたとしても、配送網から漏れている地域には商品を届けてもらえない。そうした顧客の問題を解決するのが、アリババの農村タオバオだ。購入した商品は数日でタオバオに届けられ、購入者はタオバオに商品を取りに行くという仕組みである。

中国では、家庭用インスタントコーヒーの売上の３割をｅコマースが占める。そのなかで、日本では７割を占める「ネスカフェ」のシェアが３割しかない。一方、スーパーマーケットで販売していないローカルブランドのコーヒーが３割を占めている。

ネスレグローバルはその状況を打開するためもあって、２０１６年１月にアリババとの提携を発表した。２０１５年９月には、ネスレグローバルの幹部がアリババの社外取締役に就任している。

ネスレ日本とのつながりも強化された。日本の抹茶味の「キットカット」は、ｅコマースに最適なアイテムだ。中国人が日本で「爆買い」しているのは、主に抹茶味である。わざわざ日本に行って買わなくても、アリババで買えるようにするのが目標だ。そのため、ネスレ日本では「キットカット」の製造工場の増設も視野に入れている。現在の生産体制では、とてもその需要増を賄いきれないからだ。

中国人にとっては、メイドインジャパンであることに意味がある。これもすべて問題解決できる。その場所に合った問題解決は、必ずあるはずだ。

スーパーマーケットとｅコマースとの違いは、20世紀と21世紀との違い、要するに第

2次産業革命と第3次産業革命との違いと考えられる。

このテーマについては第4章で詳述するが、電気エネルギーと石油エネルギーをエネルギー源とした「モノによる問題解決」に頼っている間は、道は開けない。というのも、ここに至るまでに、モノで解決できる問題は解決し尽くしてきたからだ。

eコマースが勝っているのは、インターネットによる問題解決を実現しているところだ。第3次産業革命の中心となるインターネットは、先進国だけのものではない。新興国でも多くの人がモバイルフォンを持っているので、問題解決の担い手は世界中に広がっている。かつて先進国が作り上げてきたインフラやブランドが通用しなくなるのは、そういうところにも背景がある。

たとえばアフリカのある国に行くと、治安が悪いので銀行の店舗がない。強盗に襲われるリスクを回避するためだ。そのため、インターネットバンキングが発達する。

逆に日本のような治安の良い国では、無人のATMを設置しても強盗に襲われるリスクは低い。そのため、新興国に比べるとインターネットバンキングの発達が遅い。先進国より新興国の方が先を進んでいる事例だ。

これも、すべて問題解決による結果だ。治安が悪いという問題を解決するためにインターネットバンキングが進み、治安が良くて国土の狭い日本ではそのような問題がほとんどない。問題解決した結果として、インターネットバンキングの価値があまり高くないのだ。

この事例の教訓は、eコマースとスーパーマーケットについても言える。日本では、スーパーマーケットとコンビニエンスストアがあるため、24時間いつでもモノが買える。24時間モノが買えて、しかも品揃えは豊富、さらに安全性も担保されている国は、世界中探してもどこにもない。日本にいてほかの国のようにeコマースの必要性を感じないのはそのためだ。

ただ、重くてかさばる家電や、ペットフード、水等の購入はeコマースへのシフトが進んでいる。

最近の家電量販店は、以前のように賑わっていない。

2年前、ネスレ日本のコーヒーマシンのセールスチームから、こんな提案があった。

「コーヒーマシンのセールスフォース(販売チーム)をつくりたい」

当時のネスレ日本のコーヒーマシンは、マーケットシェアの半分以上を占めていた。それをさらに増やそうという提案で、30人から40人のチームを作りたいという。

しかし、その提案は却下した。家電量販店の人手不足という問題は営業人員ではなく、売り場でもっと集客効果の見込めるソフトバンクのロボットＰｅｐｐｅｒの利用で解決できると考えていたからだ。リアルの家電量販店の販売体制をいくら強化しても、売上増につながるとは思えなかった。

それが的中した。２０１５年の家電量販店におけるネスレ日本のコーヒーマシンの売上は、前年を割った。のちほど詳しくお話しするが、ネスレ日本のコーヒーマシンのビジネスモデルは、ｅコマースをベースにしたマシン無料モデルにシフトしている。

結局、販売チームではなく、Ｐｅｐｐｅｒを導入することに決定した。販売チームを作るより、投資額ははるかに少なくて済んだ。

顧客の問題の変化はそれほど激しく、それに対応する企業側のビジネスモデルのチェンジも激しく、機を逸すると収益機会を逃し、投資回収が困難になる。

9 顧客の問題を解決することでしか、スーパーマーケットは生き残れない

今、スーパーマーケットのなかで、アメリカから進出してきたコストコが話題を呼んでいる。一方で、少し前に進出してきたフランスのカルフールは、日本市場にインパクトを与えることなく撤退していった。

このふたつのスーパーマーケットの明暗に対する私の見立ては、顧客の問題を見ることができたか否かという違いだ。

ふたつのスーパーマーケットでの顧客の買い物の仕方はまったく異なる。コストコでの買い方は複数の人とシェアすることを前提にしている。

これは、中国人の「爆買い」に共通する。中国人の爆買いも、親戚や友だちから「買ってきて」と頼まれているから大量に買うのだ。これは、非常に理にかなっている。みんなでシェアすれば安くて済むし、必要以上に買わなくて済む。ほしいものをいろいろ買いたい、しかもできるだけ安く済ませたいという顧客の問題を解決する。

しかし、カルフールはシェアするほどの量はないが、ひとつの家庭で消費し切るには量が多すぎる。顧客の問題に気付かなかった中途半端さが、命取りとなった。

好調なコストコだが、これからeコマースとどのように競合していくかによって命運が変わってくるだろう。コストコが担っている役割をeコマースが肩代わりできるようになったとしたら、顧客はコストコに行かなくなってしまうはずだ。

ただし、スーパーマーケットにもチャンスがないわけではない。どんなにeコマースが発達しても、高齢者層を中心に、スーパーマーケットにショッピングに行きたいという欲求がなくなるわけではないからだ。

しかも、彼らの多くは孤独という問題を抱えている。すでにスーパーマーケットにはさまざまな提案をしているが、ただ買い物客に来てもらい、商品を購入してもらうために値段を安くするだけでは問題解決にはならない。孤独という高齢者の抱える問題をどのように解決し、彼らをどのようにして囲い込むかという解決策を考えなければならない。

スーパーマーケットに来れば、楽しい何かがある。

高齢者をはじめ、顧客にそんなイメージを持ってもらえば、これまでのスーパーマーケットとはちょっと違う存在になれるのではないか。

その点、コストコに行くと素直に楽しめる。普段なら買わないような珍しい商品が並んでいるからだ。たとえば、子どもが遊ぶ滑り台やブランコ。アメリカであれば広い家の庭に置けるだろうが、一戸建てでも狭い庭しかない日本で、いったい誰が買うのだろうと思ってしまうようなものも並んでいる。そんな視点で商品を見ているだけでも楽しい。

イオンでは、九州、沖縄の一部店舗にネスレ日本が展開する「カフェ・イン・ショップ」を入れていただいている。一方、イオンには店舗内で独自に展開している「イオンドリップ」というカフェもある。

「カフェ・イン・ショップ」は単なるカフェにはない存在意義を出さなければ意味はないと思っている。

ただ腰を下ろす場所をつくってコーヒーを飲ませるだけでは、存在することそのものにあまり意味はない。高齢者が集まるコミュニティーづくりにフォーカスしたカフェにするよう指示している。この戦略によりイオンの集客アップにも貢献できると考えている。

ひとり暮らしをしている高齢者で、人との関わりがなくて寂しいという人がいる。同じような境遇の人が「カフェ・イン・ショップ」に集まり、そこで開催されるイベントを通じて安らぎや楽しみを得るようなことを提案しなければならない。それこそが、顧客の問題解決なのである。

スーパーマーケットに対して、営業マンは毎月の特売で自社の商品をどうにかして宣伝のチラシに入れてもらうための商談ばかりやってきた。それが、これまでのメーカーの常識である。価格で競争することは、自分で自分の首を締めるだけで意味がない。

営業マンは、その店にやって来る顧客が抱える問題を解決する提案、あるいはそのスーパーマーケットが抱える問題を解決する提案をしなければならない。顧客が喜び、顧客が採用したいという提案はすべて、顧客の問題解決になっている。

スーパーマーケットは、どこも少子高齢化と過当競争で、売上、利益の減少に困っている。困っているということは、必ず問題があるということだ。その問題を考え、解決する手段を考えることで、営業マンとして顧客に価値を提供することができるのだ。

⑩冷凍による流通革命がスーパーマーケット再生の起爆剤に

スーパーマーケットが苦境に立たされている問題に対して、私はある解決策を持っている。それは、流通改革を起こすことだ。

具体的には、日本人が生鮮食品を冷凍で購入するような流通改革である。

多くの日本人は、生鮮食品は「生」がもっとも良いと思っている。しかし、それが誤解であることを知ってもらわなければならない。ある程度時間が経過しても新鮮なのは、冷凍である。いったん冷凍してしまうと、食物の劣化が進みにくくなるからだ。

食物の劣化には、おおむね2種類のパターンがある。

ひとつ目は「腐敗」だ。これは、微生物の働きによって起こる。もうひとつは、食物が持つ酵素の働きによって起こる「酸化」である。酸化によって食物の味や香りは落ち、食物に備わっている栄養素も少なくなってしまう。

しかし、冷凍すればそのリスクはほとんど避けられる。

マイナス10度以下の温度で冷凍してしまえば、微生物の活動はほとんどなくなり、腐敗に至るリスクはかなりの確率で落ちる。酵素の働きも鈍くなり、味や香りの劣化が進みにくくなる。しかも、栄養素も長期間保つことができる。トータルで考えれば、冷凍することで食物を長期間保存できるので非常に便利なのだ。

こうした事実を、一部の人しか知らないのはもったいない。

そもそも、遠洋漁業で収穫した魚は、船の上で冷凍される。その冷凍された魚をいったん解凍したものを、新鮮な魚だと言っているのだ。つまり、冷凍の管理さえきちんとしておけば、刺身でも生と同じように食べることができる。

むしろ、冷凍してしまえば基本的に賞味期限は延びる。しかも、かなり先にである。生の状態で食べきれず、冷蔵庫に保存して劣化させるより、よほど無駄がなくなる。

昔は、お弁当のおかずぐらいしか冷凍食品は売れなかった。しかし、働きながら主婦業もこなす今の若い女性たちは、時間がないから冷凍の食材を買う。しかも、冷凍に対する罪悪感が湧かないほど、最近は冷凍の食材がおいしくなっている。

スーパーマーケットとディスカウンターの間に業績の差ができたのは、ディスカウンターが生鮮食品を扱わなくなったことがひとつの要因だ。

生鮮食品は生でなく冷凍ものに限定して扱うことで、従業員の数を減らすことができる。しかも食材の廃棄コストがかからない。このふたつの要因によって一般管理費が下がり、その分だけ他の商品の価格を下げることができ、利益率を高く保つことができる。

もちろん、生の需要がある限り、生で売る店は必要だ。それは、町中に青果店や鮮魚店を復活させることで対応するべきではないだろうか。

そもそも、子どもが巣立って夫婦ふたりだけになったり、あるいは配偶者と死別してひとり世帯になったりする世帯が5割を占めている。そのような世帯では、買った生鮮食品の残りのほとんどは冷凍庫行きになることは目に見えている。結局食材を冷凍するのであれば、最初から冷凍で流通させる方が理にかなっている。

ドローンの配送

私がスーパーマーケットの社長だったとしたら、物流企業と組む。野菜も魚も肉も基本的にはすべて冷凍で流通させ、それが非常に新鮮であることを宣伝する。

それと並行して、冷凍で流通させる場合に欠かせない「解凍庫」を、家電メーカーと組んで開発する。生鮮食品が冷凍で流通するようになった場合の顧客の問題として、おいしく食べられる状態に素早く解凍できる解凍庫が必要になることが考えられる。あるいは、料理直前になって食材を解凍するのを忘れた場合、スピーディーに解凍ができ、しかもおいしい状態にしてくれる解凍庫が必要だろう。

それは冷蔵庫に内蔵してもいいし、専用の解凍庫でもいい。いずれにしても、現在の日本の家電メーカーの技術を組み合わせれば、おそらく簡単にできると思う。

生鮮食品をすべて冷凍にすれば、価格競争でもディスカウンターに負けない。逆に言えばそれしかスーパーマーケットが生き残る方法はない。

アメリカのアマゾンでは、冷凍食品の販売をeコマースでやっている。アメリカ人には生で食べる方がおいしいという発想はなく、冷凍でも構わないと考えているので、何の障壁もない。

いずれは、冷凍の食材をドローンで飛ばして配送する時代もやってくるだろう。やがて日本でも誰かがやろうとするだろうが、そのときはすでに競合優位性はない。日本のアマゾンがノウハウを積み上げているから、太刀打ちはできないだろう。

本来は、日本の農協や漁協などがそうした付加価値をつけるべきだ。

たしかに、食材は生で運ぶ方がコストがかからない。冷凍庫付きのトラックは、輸送にコストがかかる。しかし、仮に物流コストが１割から２割高くなったところで、人件費が下がって廃棄コストがなくなれば、そのコストを吸収したうえでおつりが出るはずである。

そもそも、生という概念にとらわれているから、気候などの自然現象による収穫量の増減で値段が変わってしまうのだ。収穫量が少なければ値段は上がるが、収穫量が多すぎたら値段が下がってしまうリスクにさらされる。冷凍での流通になれば、一定の値段に保つことができる。そうした生産者の問題もすべて解決できるのだ。

今、そのことにチャレンジしようとするスーパーマーケットが出てこないのは、顧客の問題をつかもうとする努力をしていないからなのではないだろうか。

そして、顧客が生鮮食品は生がいちばんいいと言っているからと、スーパーマーケット側が思考停止に陥っているからだ。

しかし、それはマーケティングとは言えない。

顧客の意識していない問題を解決するには、こちらから顧客の認識を変えていくべきなのだ。顧客の意見に委ねている時点で、マーケティング2・0の域を出ていない。マーケティング3・0やマーケティング4・0の段階に入れば、顧客が表面的に望んでいる常識を破壊しなければならないこともある。それぐらいのことをしないと、顧客の認識しない問題を掘り起こし、新たな問題解決策を生むことはできない。

11 コーヒーの「形」は、顧客の問題解決の繰り返しによって変化してきた

コーヒー市場も、業態が大きく変化してきた。そのうち、まず市場を大きく動かしたのが缶コーヒーだった。

もう30年以上前の話だ。もともと、飲料の自動販売機は冷蔵機能しかついていなかったため、夏季専用で冬場はお休みという位置づけだった。当時はコンビニエンスストア

もなかったので、冬でも外で働く人たちが冷えた体を温める飲み物がなかった。その問題を解決したのが、自動販売機メーカーだった。彼らは、自動販売機に保温機能をつけて、冬場に屋外で温かい飲み物を飲めないという顧客の問題を解決した。

ただ、その時点では自動販売機に入れる飲料が、缶コーヒーぐらいしかなかったのだ。まだ伊藤園の缶入りのお茶が登場していなかった時代のこと、自動販売機に並んだ缶コーヒーの市場は、１００倍にまで膨らんだ。

ところが、コンビニエンスストアが登場し、全国に店舗網を広げると、缶コーヒーを自動販売機で買わなければならない意味が薄れてくる。カフェの登場もそれに拍車をかけた。当のコンビニエンスストアでも依然として缶コーヒーは売っているものの、シェアの落ち込みは歯止めがきかなかった。

さらに、新たに登場したのがコンビニの１００円コーヒーという新たなジャンルだった。缶コーヒーよりも安く、しかも淹れ立てのおいしいコーヒーが飲める。それが、缶コーヒーしかなかった時代の顧客の問題を解決した。

缶コーヒーは、コンビニの店舗網拡大によって行き場を失った自動販売機とともに、オフィスの中に入った。それまで会社の福利厚生費で買っていたコーヒーが経費節減で提供されなくなり、オフィスからコーヒーが消えて困っていた顧客の問題を解決したのが自動販売機だった。

しかし、そこへ参入したのが「ネスカフェ アンバサダー」だ。手軽に淹れたてのおいしいコーヒーを、缶コーヒーよりもはるかに安く提供することで、顧客の問題を解決するビジネスモデルだった。

とはいえ、導入前から待望されていたわけではない。

念のため、導入にあたってオフィスや病院などの顧客に調査をかけた。しかし、口を揃えて出てきた言葉は、こんなものだった。

「いや、缶コーヒーがあるから大丈夫です」

「近くにコンビニがあるから、そんなに困っていません」

この時私は、顧客の認識していない問題があることを確信した。

「ネスカフェ アンバサダー」の導入が始まり、全国各地で爆発的な伸びを見せたのは、このビジネスモデルが顧客の意識していない問題を察知し、その問題を解決する価値を提供したからだ。

つまり、オフィスではコーヒーが１３０円でしか飲めない、淹れたてのコーヒーが飲みたい、コンビニやカフェにわざわざ出かけて買いに行ってもやはり高いという問題を解決したからこそ「ネスカフェ アンバサダー」がオフィス内の自動販売機を凌駕していったのである。これこそ、ビジネスモデルのイノベーションと言えよう。

結局「ネスカフェ アンバサダー」の拡大によって、自動販売機の缶コーヒーの売上は激減しているという。こうした問題のとらえ方ができるかどうかで、ビジネスチャンスはいくらでも転がっているのである。

この「ネスカフェ アンバサダー」のビジネスモデルが、顧客の意識していない問題を解決する価値の提供であることは、もうひとつの事例をご紹介することでご理解いただけると思う。それが、顧客、顧客の問題、顧客の問題解決を理解するうえで、格好のケーススタディになるのではないだろうか。

「ネスカフェ アンバサダー」が入ったのは、オフィスだけではない。

とくに、全国の美容室である。美容室は、もともと「ネスカフェ」の独壇場だった。

美容室に行くとよくコーヒーが出てくるが、そのほとんどが「ネスカフェ」だった。美容室の従業員がわざわざスーパーで買っていた「ネスカフェ」が、ほとんど「ネスカフェ アンバサダー」に変わったのだ。

自社製品が入れ替わっただけ、つまりスーパーで買っていた「ネスカフェ」が、eコマースの「ネスカフェ」に替わっただけなので、わが社にとっては純増ではない。しかも、顧客が常にスーパーの特売で買っていたとしたら、切り替えることでコーヒーそのものの値段は、かえって高くなることもある。

ただ、美容室の従業員にとってはわざわざスーパーに買いに行く必要がなくなる。そして、それまではお湯を沸かしてポットに入れ、「ネスカフェ」をカップに入れてポットからお湯を注ぎ込み、スプーンでかき混ぜて出していた作業が、ボタンをひとつ押すだけに変わった。

コーヒー購入時の不便さとお客さまにコーヒーを出すときの手間の解消という問題解決になったのだ。

飲用杯数ベースでは、2015年の1年間で「ネスカフェ アンバサダー」は10億杯をカウントした。2016年は、おそらく13億杯から14億杯になる。「アンバサダー」の会員数は、2016年8月現在で26万人を超えている。

コンビニの100円コーヒーとは根本的にビジネスモデルが違うので、競合とはとらえていない。しかし、缶コーヒーメーカーは辛いと思う。

⑫顧客の問題解決は、業態まで変える

この項では、コーヒーに関する少し大きなビジネスモデルをご紹介する。しかしいずれも、顧客の問題を見に行くことから始め、その問題解決として生み出した価値であることに変わりはない。

まずは、自動車ディーラーとの間で進めている取り組みだ。

自動車ディーラーに行ったことのある人はわかると思うが、商談中や修理を待っている間に、必ずコーヒーが出てくる。これは、自動車ディーラーが費用負担し、自分たちの手でコーヒーを淹れて提供しているものだ。

しかし、自動車ディーラーも羽振りがいいわけではない。日本でもっとも業績がいいトヨタ自動車でさえ、その利益のほとんどが海外からのものだ。日本国内の自動車の販売状況は、それほどバラ色というわけではない。

そんな状況のなか、自動車ディーラーはできるだけ余計なコストを抑えたいと考えている。コーヒーというコストも本音では削減したいが、かといってお客さまに対するサービスをないがしろにするわけにもいかない。お客さまを惹きつけるために店内の改装も進めたいが、その費用を出すことに二の足を踏んでしまう。

そうした問題を解決するのが、イオンの事例でご紹介した「カフェ・イン・ショップ」の導入である。自動車ディーラーの中に「カフェ・イン・ショップ」を設置し、その改装費用はネスレ日本が負担する。

「カフェ・イン・ショップ」は「ネスカフェ」ブランドを出していただくことが前提条件になるので、ネスレ日本としては広告・宣伝費として改装費用をサポートすることができる。

その代わり「カフェ・イン・ショップ」で使うコーヒーは、ネスレ日本からｅコマースによって購入していただく。自動車ディーラーにとっては、資金負担と業務負担の軽減という問題解決になる。

現在、「カフェ・イン・ショップ」を設置していただいている自動車ディーラーは、国産輸入車メーカーを問わず、全国に広がっている。

コーヒーとカフェ

かつて、日本には外でコーヒーを飲む場所としては喫茶店しかなかった。

そんななか、日本にもカフェが登場した。その背景には、世界中でカフェというコンセプトが受け入れられ、コーヒーはブラックや砂糖とミルク入りで飲むだけではないという認識が広まったことによる。言わば、コーヒーのデザート化がカフェのコンセプトだ。

喫茶店は1杯のコーヒーを飲みながら、本を読んだり、友人と会話を楽しんだりすることで時間を過ごす。それに対してカフェが売ったのは、さまざまな種類の新たなコーヒーの味だけではなく、それまでの喫茶店とは異なるおしゃれな店舗の雰囲気である。

つまり、カフェは新たなカスタマー・エクスペリエンス（顧客体験）を売った。それが、顧客の認識していなかった問題解決になったからこそ、ここまで広がったのである。

顧客の問題をとらえ、顧客の問題をどのように解決するかによって、ひとつの業界の業態さえ変える力がある。それほど、顧客の問題解決、つまりマーケティングは大きな力を持っているのである。

カフェが新たなカスタマー・エクスペリエンス（顧客体験）で繁盛する一方で、業態変化によって取り残された喫茶店が抱える問題もある。

それは、知名度がないため集客ができないという問題、メニューの開発力がないという問題、そして、ランニングコストの負担が大きいという問題などである。

その問題を解決するため、ネスレ日本では2年前から「ネスカフェ　サテライト」というシステムを展開している。

これは、個人で経営している喫茶店やレストランに、ネスレ日本のコーヒーを採用していただく。それと同時に「ネスカフェ」のブランドを表に出していただくことが条件だ。喫茶店やレストランとしては、認知度の高い「ネスカフェ」のブランドを掲げることによって、知名度を向上することができる。

ブランドを表に出していただく見返りとして、ネスレ日本から喫茶店やレストランに資金を拠出する。先ほどの自動車ディーラーと同じく、広告費の名目が成り立つからだ。その資金によって、ネスレ日本から仕入れてもらうコーヒーは、一定期間という前提となるが実質的には無料になる。これで、資金負担の問題を解決することができる。

これは、ほかのコーヒーメーカーにはできない取り組みだ。

ネスレ日本は、これまでプロフェッショナルとしての外食産業の経験がない。にもかかわらず、「ネスカフェ サテライト」は２０１６年８月現在で全国に８００店まで数を増やしている。この増加数はかなり異例だ。

あのスターバックスでさえ、日本で第1号店から１０００店に到達するまで、およそ20年かかっているという。ネスレ日本はたった2年で８００店にまで増やした。

もちろん、スターバックスの販売力と「ネスカフェ サテライト」の販売力には大きな差がある。しかし、顧客の問題解決をして価値を提供できれば、インパクトのある実績を残すことも難しくない。

今、ネスレ日本として考えているのは、ネスレ会員としての囲い込みだ。「ネスカフェ（直営店）」「カフェ・イン・ショップ」「ネスカフェ サテライト」をすべてインターネットでつなげる。すでに、ネスレの会員向けのアプリも作っている。

たとえば、日本国内のどこかに旅行をしたとき、近くにネスカフェのお店があるかと検索すれば、たちどころに近所の店舗が出てくる。会員になれば割安で飲めるなど、そうしたサービスはいくらでも作ることができる。これが、我々の最終目標だ。

さらに、業務用のコーヒーマシンすべてにセンサーを組み込み、ＩｏＴによってあらゆるコーヒーマシンをつなぐことができる。コーヒーマシンがつながると、たとえばこんなこともできるようになる。

ある店舗の1週間の売上を分析し、どの時間帯に、どのような属性の顧客が、どの種類のコーヒーを飲んだかというデータをネスレ日本が把握する。そして、その結果をオーナーにフィードバックする。オーナーは、フィードバックの内容によって仕入れるコーヒーの種類とその量を適正に変えられる。

「ネスカフェ」ブランドを掲げることによって、喫茶店の売上を増やせるという面もたしかに大きい。

しかし、もっと大きい問題解決は、ひとつの独立した喫茶店ではできなかったマーケティングが、ネスレ日本のシステムを導入することで可能になる点だ。「ネスカフェ」ブランドでつながるチェーン化と囲い込みといったところだろうか。そのためにも、会員と拠点を増やすことが重要になる。

本章の事例は、すべて顧客の問題の解決がベースになっている。

マーケティング1・0はモノを中心に考えることで問題を解決した。マーケティング2・0は消費者を中心に考えることで問題を解決した。マーケティング3・0は消費者価値、マーケティング4・0は自己実現という視点だが、これらは顧客の問題を見つけ、解決するという点で一致している。

20世紀においてはモノで解決できていた問題が、21世紀には通用しなくなったという事実は、顧客の問題が変化してきたことと一致するのではないだろうか。

もちろん、今でも4Pは正しい。ブランドも大事だ。

マーケティング理論には古い、新しいという違いはあっても、すべてを否定するものではない。明日から急に、すべての車が無人運転になるわけではない。旧来のマーケティングを担う人は、依然として必要だ。

しかし、21世紀になってeコマースが登場したときに、20世紀のマーケティングだけで問題が解決できなくなったことも事実だ。

こと先進国に限って言えば、いや、日本のような超高齢化が進む国に限って言えば、マーケティング3・0ないし4・0により顧客の問題を把握し、解決していくことでしか企業の持続的成長はないのではないだろうか。

第4章

イノベーションとリノベーション

執筆

高岡浩三

❶ イノベーションとは何か、リノベーションとは何か

見出しに掲げた「イノベーション」と「リノベーション」。

日本人の読者にしてみると、イノベーションは聞き慣れた言葉だろう。しかし、リノベーションという言葉は初めて耳にするか、あるいはまったく別のシーンで聞き慣れている言葉だと思う。

リノベーションは、イノベーションに「再び」という意の接頭語「リ」をつけた造語である。日本人にとって馴染み深いのは、次のような定義であろう。

「中古住宅の大規模改装によって、住宅そのものを新たに生まれ変わらせること」

現在の日本では、この意味の建築用語として広く使われている。

たとえばヨーロッパではほとんど新築の住宅はなく、築年数が50年、１００年という物件を「リノベート」して住み続けている。つまり、リノベーションは現状あるものに

手を加えることを意味する。本章では、この意味を体感していただくため、具体的な事例を提示していこうと思う。

その前に、まずはイノベーションとリノベーションを定義しておこう。

イノベーション

顧客が認識していない問題（Unconscious Problem）の解決から生まれる成果。この場合の成果とは、製品、サービス、ビジネスモデルを指す。顧客が認識していない問題からしかイノベーションは生まれないため、顧客が認識していない問題を「発見」することが何よりも重要になる

リノベーション

消費者調査で把握できる、顧客が認識している問題（Conscious Problem）の解決から生まれる成果。イノベーションが起こったあとに発生する顧客の不満や問題を解決するプロセスから生まれた成果。その段階は多様で、高次のリノベーショ

ンは一見、イノベーションにも見える

おわかりいただけただろうか。

イノベーションの大家であるクリステンセン教授もイノベーションをいくつかのタイプに分類しているが、我々実務家には分かりづらい。むしろ新しい商品、あるいは新しいサービスをイノベーションかリノベーションに分類する方が実務的だと考える。

問題は、何がイノベーションに当たり、何がリノベーションに当たるかということをほとんどの人がわかっていないことだ。

残念ながら、日本人はリノベーションをイノベーションと勘違いしていることが圧倒的に多い。世間でもてはやされているイノベーションが、実はリノベーションにすぎないということも少なくない。

マーケティングとイノベーションを理解するうえで、イノベーションとリノベーションの違いを理解することは非常に大きな意味を持つ。これからご紹介する具体的事例を見れば、その違いがよくわかるはずだ。

２ 家電に見る、イノベーションとリノベーションの違い

家電は日本が強みとしてきた分野である。

その家電において日本の競争力がなくなっている事態をイノベーションとリノベーションという切り口で見てみれば、その原因がよくわかる。

もっともわかりやすいのはテレビである。

もともとは、現実に起こっている事象を記録する手段がなかった時代にさかのぼる。その状況に登場した「写真」というものがイノベーションのスタートになった。

当然、そのときの顧客である一般市民は、写真そのものが存在しないだけに、写真に対するニーズなど持っていなかった。写真がない時代にあの場所を写真に撮りたいなどということを誰も口にしないのは明らかである。

写真を考案した人は、顧客の認識していない問題を解決したからこそ、イノベーションとなったのである。

写真の登場が世間を驚かせ、やがてそれが定着したころ、静止画としての写真が動き出すというイノベーションが起こった。それが、トーマス・エジソンが発明した「キネトスコープ」である。

しかし、これはキネトスコープという機械の中を覗き込まなければ動画を見ることができないため、一度に多くの人が見ることはできなかった。

そこで、スクリーンに動画を映写し、多くの人が動画を楽しめるようにしようと考えた人たちがいる。「シネマトグラフ」を発明したリュミエール兄弟である。このイノベーションこそ、映画の発祥である。

静止画としての写真が普及する過程では、静止画が動き出して現実の事象を動画として誰もが見られるようになるとは誰も想像していなかった。動画という概念がなかったのだから、動画があったらいいねという発想にならなくて当然だ。このイノベーションも、顧客の認識していない問題を解決したことから始まっている。

そこから、さらにイノベーションは続く。

静止画が動く動画は、映画館のような上映装置のある環境でしか見られなかった。それを家庭でも見られる状態にしたのがテレビである。

多くの人は映画館に行って映画を見ることに憧れ、まさか家で映画のようなものが見られるようになるとは思っていなかったはずだ。これも、顧客の認識していない問題の解決に端を発したイノベーションである。

しかし、テレビに関するイノベーションはここまでだ。

技術的なことはあまり詳しくないが、白黒テレビがカラーテレビになり、ブラウン管が液晶になり、これからは4K、8Kという高解像度のテレビが登場する。

テレビを見ていれば、もっとリアルに見たい、鮮明な画像で見たいという欲求が出てくるのは当然だ。それは顧客も認識していて、それに応える形で白黒がカラーになり、ブラウン管が液晶になり、画質が高まり、ますます鮮明になっていく。しかしこれらはイノベーションではなく、すべてリノベーションである。

なぜなら、たしかに顧客にとっての問題解決にはなっているが、テレビという家電そのものの存在を顧客が認識しているからだ。その証拠に、カラーテレビも液晶テレビも、他を圧倒するようなお金儲けができていない。これから登場する4Kテレビも8Kテレビも、同じようなことになるはずだ。

もちろん、新しい技術が登場したばかりのころは、先頭を切って開発した企業が儲けることはできるだろう。しかし、すぐに真似をされて競争優位性はなくなり、同じような技術水準に落ち着いて価格競争に陥ってしまう。本当の意味のイノベーションであれば、いくら技術の進歩が激しい時代だといっても、もっと長い間利益を享受できるはずだ。

イノベーションとリノベーションをこのような観点でとらえると、すべてうまく説明できる。それを証明するためにも、これからいくつかの家電製品をテレビと同じようにとらえ直してみよう。

まずは、夏の暑さに対する問題解決である。

暑い中、涼を取るための手段として、かつての日本ではうちわや扇子などがあった。直接風を起こすもの以外では、打ち水をして気化熱を利用したり、風鈴を鳴らして聴覚から涼しさを感じさせたりした。

そんなときに登場したのは、アメリカで開発された扇風機である。日本では、トーマス・エジソンが興したゼネラル・エレクトリックから技術供与を受けた芝浦製作所（現在の東芝）が製造したものが最初である。

手動であおぐのは疲れるし、手を動かすことで、かえって暑さが増してしまうこともある。うちわや扇子で起こせる風はそれほど強くなく、暑さを抑えるほどではない。そうした問題を解決するため、電気の力で扇状の羽根を回し、人力以外で風を起こす扇風機を発明した人が出てきたのだ。顧客が認識していない問題を、顧客が想像もしなかった形で解決する。扇風機は大きなイノベーションとなった。

扇風機は暑く湿った空気の中で風を起こしているだけに過ぎないので、部屋の中でいくら扇風機を回しても温度そのものが下がることはない。風に直接当たることよって体感温度を下げることには限界があるので、その問題を解決するイノベーションとしてエアーコンディショナー（エアコン）が登場する。これも、顧客が認識していない問題を、顧客の想像を超える方法で解決したイノベーションである。

暑いという問題を解決した家電製品は、これまでのところ扇風機とエアコンのふたつしかない。

扇風機に水の気化熱を組み合わせることで生まれた冷風扇や、エアコンに除湿機能や除菌機能をつけたり、人の存在を感知してもっとも効果的に部屋を冷やしたりするなど、それぞれの領域で盛んに新しい製品が出ている。

しかし、それらはすべてリノベーションである。顧客にとっては、認識の範囲内の改良にすぎないからだ。

掃除機のロボット

こんどは掃除機である。

部屋を掃除するための道具として、ほうきやハタキなどを使っていた時代から、掃除機という家電製品が誕生したのは画期的なイノベーションだった。

そこから、掃除機のリノベーションが始まる。掃除機でもっとも大切な機能は吸引力だろう。その戦いに勝ったのが、イギリスのダイソンである。

掃除機の分野ではしばらくイノベーションは起こらなかったが、久しぶりに起こったイノベーションがロボット掃除機である。現在、アメリカのアイロボット社のルンバが圧倒的なシェアを獲得している。

ロボット掃除機には、インターネットを通じて遠隔操作することで勝手に掃除をしてくれて勝手に「ホームベース」に戻る機能がついている。人間が直接操作しなくていいというのは、顧客が認識していない問題の解決だ。

夢物語やSFの世界ではかねてから語られていたかもしれないが、顧客がそれを本気で期待していなかったのだから、認識していない問題と考えて差し支えないだろう。

ダイソンは20世紀型のリノベーションだ。一方のルンバは21世紀型のイノベーションである。つまり、掃除機のリノベーション争いに勝ったのがダイソンで、まったく違うフィールドを見つけてイノベーションを起こしたのがルンバということだ。

もちろん、リノベーションの争いで勝つことは価値のあることだ。しかし、その代償として高額になった掃除機、つまり5万円も6万円も出してダイソンを買う人よりも、同じような値段であれば、新たな価値を持ったルンバを買う人の方が多いのではないだろうか。

ただし、現状ではダイソンよりもルンバの方が吸引力が弱い。部屋の隅の掃除も、当初はできなかった。しかし当然、ロボット掃除機にもリノベーションが起こる。近い将来には、現在のダイソン並の吸引力まで進化するはずだ。現在でも、障害物を察知し、部屋の形に沿って掃除方法を変える機能も開発されている。

そして、今後は掃除機にもディープラーニングが入ってくるので、部屋を効率的に掃除する機能が進化していくだろう。きれいになるだけでなく、掃除の時間を早める掃除機まで出てくるのではないだろうか。

そして、いずれは、所有者とコミュニケーションする掃除機が登場するはずだ。技術的には可能な段階に来ている。問題は、それをどのような形でビジネスとして構築するかということだけである。

いずれは、ダイソンのユーザーがルンバに流れていくだろう。同時に、どこかの誰かが顧客の認識していない問題をつかまえて、誰も予想だにしなかった掃除機を発想し、ダイソンやルンバをしのぐ掃除機を生み出すだろう。

イノベーションはそういう形で起こり、イノベーションとイノベーションとの間には幾度にも及ぶリノベーションが起こっていくものだ。

最後に、洗濯機を見てみよう。

もともとは、衣服の洗濯は手洗いが基本だった。こすったり、たたいたり、踏んづけたり、井戸端や近くの川で人々は洗濯に精を出していた。

日本ではその後「洗濯板」という道具が登場する。それにこすりつけることで、汚れが落ちやすくなった。

そこへ、初めてのイノベーションが起こる。19世紀半ばごろ、欧米で手動の洗濯機が生まれた。洗濯物を入れた円筒形のドラムに水を入れ、それを手動で回す簡易な洗濯機だが、水流を利用して汚れを落とすという点で、まったく新しい発想だった。日本に手動式の洗濯機が登場したのは、明治時代に入ってからだった。

20世紀になって第2次産業革命が起こると同時に、電気モーターで動く自動洗濯機が登場し、世界中に広まっていく。日本には、1922年にアメリカから輸入された。

1930年、それを参考にした国産初の自動洗濯機が芝浦製作所から発売された。1953年には、三洋電機（現在はパナソニックの子会社）が発売した噴流式洗濯機が大ヒットを記録する。

ここまでの、手動の洗濯機と自動洗濯機は、間違いなくイノベーションだ。衣服を手でこすり合わせることで汚れを落としていた時代から、手動ながら衣服に触れることなく汚れを落とせるようになり、さらにはすべて自動でドラムを回せるようになると、人々の洗濯にかける時間は大幅に減少した。

その後登場する脱水機能や乾燥機能、節水、節電、ドラム式などは、すべてリノベーションと言っていい。

さらに、これからは洗濯、脱水、乾燥、折りたたみまで一連の作業を司る機能や、最終的には洗濯物を適切な場所に収納するところまで担う機能がつくようになると予想されている。それぞれ画期的な発明のように見えるが、これも洗濯機というジャンルにおいてはリノベーションにすぎない。

3 イノベーションとリノベーションの歴史的変遷

イノベーションとリノベーションに関しては、産業革命が密接に関わっている。

問題解決の歴史は、産業革命と地続きであることを理解しておかなければならない。そのことがわかると、今、私たちが「何を使って」問題解決をしなければならないかが極めて明快に理解できる。

第1次産業革命は、18世紀の終わりごろに始まった。舞台はヨーロッパの大国、イギリスである。

1750年までの世界の製造業のシェアは、中国が33パーセント、インドが25パーセントを占めていた。世界の工場は、アジアに偏っていたと言える。当時の製造業は手工業が中心で、中国は絹や陶器、インドは綿布が中心だった。

ヨーロッパ諸国がそうした工業製品を交易によって獲得しようとしたのが、17世紀から始まる東インド会社による東方貿易である。

当初は、それらの工業製品は、富裕層しか手に入れることができなかった。しかし、さまざまな要因により、次第に一般市民にも普及するようになっていく。そうなると、アジアの製品を交易による輸入に頼らず、自国で生産することがヨーロッパ諸国の課題となった。これが顧客の問題と言えるだろう。

この問題解決のため、ヨーロッパ諸国が動いた。なかでも、東方貿易で莫大な利益を貯めこんでいたイギリスにおいて、いくつものイノベーションが起こった。

最大のイノベーションは、蒸気機関だろう。

トマス・ニューコメンが発明した原始的な蒸気機関をジェームズ・ワットが改良し、蒸気機関はさまざまな機械の動力として利用されるようになった。手工業から、機械工業への進化である。

同時に、機械を動かす動力となるエネルギーに関するイノベーションも起こった。

それまでのエネルギーの中心は、人力、水力、家畜力だった。それが石炭に移行し、石炭を燃やすことで蒸気機関を動かすという形に様変わりした。動力源の変革は、飛躍的な生産効率の上昇につながる。ここから、産業革命につながっていく。

モノによる問題解決

これが、第1次産業革命の概要である。当時はモノがない時代だ。一般的な顧客は、貿易によって輸入された高額なモノを買う余裕はない。その問題を解決したのが蒸気機関の発明というイノベーションだった。それによって機械工業化した結果、大量生産が可能となって安価になったモノを顧客が手に入れることができた。

その後、イノベーションによって発明された紡績機などの機械は、どんどん性能をアップさせていく。これによって、より大量のモノをスピーディーで安価に生産することが可能となっていく。この動きがリノベーションで、顧客の意識している問題の解決を担った。

第2次産業革命は、20世紀初頭のアメリカで進んだと言われている。

第1次産業革命の蒸気機関に対し、第2次産業革命で生み出されたのは内燃機関だ。このイノベーションによって各種のエンジンが発達し、工場の機械の動力として、輸送機器の動力として利用された。

その結果、工業生産の現場ではさらに機械化が進展し、大量生産は飛躍的に伸びていった。しかも、大量に生産した製品は自動車・船・飛行機など輸送手段のイノベーションによる運搬量の拡大とスピードの上昇により、顧客により早く行き渡るようになった。

このときのエネルギー革命は、石油と電気が中心だった。石油は内燃機関の動力源となり、電気は工場の機械の動力源となった。

この第2次産業革命によるイノベーションも、基本的には第1次産業革命と同じ問題解決となった。

それは、モノによる問題解決である。

モノが不足している時代では、不足を補うことが顧客の問題解決となった。イノベーションとリノベーションが向かう先は、いずれもモノを大量に生産し、それを顧客に届ける方向に収れんされた。

21世紀に入って社会の発展が行き着くところまで行き着くと、先進国と呼ばれる国ではモノが溢れた状態になった。モノによる問題解決は一巡し、顧客の問題はモノではない段階にステージを上げていく。

第3次産業革命は、エレクトロニクスやITといったテクノロジーによって自動生産が進み、生産効率が高められた現象を指す。

とくに、顧客の問題を解決する手段として注目されたのがインターネットである。モノによる問題解決が及ばない新たな問題が次々と出てきたとき、それを解決するのはインターネットしかなかった。

アメリカのアップル社、グーグル社、アマゾン社、フェイスブック社、ウーバー社、そしてエアビーアンドビー社――。グローバル企業として世界を牽引する企業は、すべてインターネットで顧客の問題を解決している。

アップル社のｉＰｈｏｎｅは優れたイノベーションだと言われる。

たしかに、それはゆるぎない事実だ。ただ、ｉＰｈｏｎｅの技術がそれまでまったくなかった技術なのかと問われたら、それは違うと言えるだろう。

液晶画面は以前からあった。タッチパネルもさまざまな機器に使われていた。電話ももちろんあった。誤解を恐れずに言えば、ｉＰｈｏｎｅはそれら既存の技術を組み合わせてできたものにすぎない。

何もない縄文時代に突如出現したらとんでもない技術だが、21世紀に出てくる技術としては、決してイノベーションと言えるようなものではない。

では、なぜｉＰｈｏｎｅはイノベーションなのか。

それは、それまで認識していなかった問題を解決するという体験を、顧客に提示したという点でイノベーションなのである。

そのひとつの要因は、iPhoneがプラットフォームになったことだ。すなわち、アプリの開発者と利用者を繋ぐことで顧客の様々な問題解決をインターネットで可能にしたといえる。アップル社はアプリの開発を自社だけで手がけようとしなかった。問題解決を提案したい人は誰でも、それぞれが感じている顧客の問題の解決方法をアプリとして設計できる。そしてユーザーが利用することによってお金を稼ぐ仕組みをつくったという点が、アップル社のイノベーションなのだ。スティーブ・ジョブズは、顧客の誰に聞いても発想として出てこないようなことをやったから、イノベーターと呼ばれるのだ。

ネスレ日本の「ネスカフェ アンバサダー」も、イノベーションである。

すでにご紹介したように、このビジネスモデルは「オフィスで安くておいしいコーヒーを手軽に飲めない」という問題を解決したものだ。このモデルは「アンバサダー」への加入、コーヒーマシンの設置、コーヒーそのものの購入に至るまで、すべてインターネットで完結する。むしろ、顧客にとってもネスレ日本にとっても、インターネットによるモデルにしないと成り立たない。

21世紀、先進国において発生する顧客の問題に対して、モノで解決できる部分に関しては、ほとんど解決し尽くしている。新しい問題に対する解決は、もはやコンピュータやそれに付随する技術、あるいはインターネットでしかできない時代になったのだ。だから、私たちは世の中が「サービス産業化」していると言っている。

"モノづくりの国"

にもかかわらず、日本はいまだに「モノづくりの国」という時代錯誤に陥っている。顧客の問題を、モノで解決しようとしているのだ。電気と石油を使って問題を解決する20世紀型のマーケティングに拘泥しているから、外国勢に勝てないのである。

この歴史観は、非常に大事だと思う。日本の家電メーカーが、シリコンバレーの企業に負け続けていることへの、わかりやすい回答になるのではないだろうか。

もちろん、モノづくりをすべて否定しているわけではない。しかし今、世界を変えているイノベーションは、ほとんどがインターネットを使った問題解決であることから目を背けてはならない。大きな成功をつかみたいなら、インターネットを使って新しい問題に対する解決策を生み出さなければならない。

4 モノで解決できなくなった顧客の問題を、インターネットで解決する時代

最近「インダストリー4・0」という言葉が流行している。

これは「第4次産業革命」と呼ばれ、AI（人工知能）やIoT（モノのインターネット）などを活用してネットワークをつなぎ、産業を新たな段階に引き上げるという考え方だという。しかし、これを「第4次産業革命」と呼ぶことには私は同意できない。

先日、ある雑誌の編集長が私のもとに来られて、IoTの考え方について聞かせてほしいと言われた。そのとき、私はこう答えた。

「AIやIoTやビッグデータはもちろん、すでに定着したビジネスモデルさえそうだと思うが、それ自体がイノベーションというわけではない。あくまでも、顧客が認識し

ていない問題を解決するための手段にすぎない。

だからセンサーを使ってモノとモノを結びつけるＩｏＴは、インターネットを使って顧客の問題を解決するための手段のひとつなので、これは第4次産業革命ではなく、第3次産業革命の延長線上にある現象、あるいは発展形にすぎないと思う。

ビッグデータにしても、大量のデータをインターネットやＡＩで収集・分析できるようになった結果、顧客の問題解決が一歩進んだということにほかならない。ビッグデータにビジネスのオポチュニティーがあるのは間違いないが、ビッグデータがイノベーションを起こしてくれるわけではない。その意味で、第3次産業革命の発展形にすぎない」

ある脳科学者は、人間にはまだビッグデータを縦横に扱うだけの脳が備わっていないと喝破している。人間の脳が未熟なのは仕方がないことだが、問題なのはビッグデータをデータとしてうまく活用することしか考えていないことだ。ビッグデータを顧客の問題解決に使おうという発想を持たない限り、おそらく有効活用できず、何も進まない。

これは、ＰＯＳ（販売時点情報管理）データが登場したときとまったく同じだ。

POSデータがビジネス界に出てきたときも、盛んに「産業革命」というワードが飛び交っていたことを思い出す。しかし、今はPOSデータを持っていないところがないほど普及しているが、あのデータでどれだけ顧客の問題を解決したのかといえば、ほとんどないと言っても過言ではない。

海外では、小売りがPOSデータを開示し、小売りと卸売りとメーカーがそのデータを共有し、それをもとに顧客にとってもっとも良い品揃えを検討し、時間帯別の変化などカテゴリーマネジメントに取り組んでいる。

しかし、そもそも日本では大手スーパーがPOSデータをメーカー側に公開していない。データを入手するには相応の対価が求められる。しかし、そのやり方は納得できない。

データはそもそも顧客の問題解決をするための手段なので、データそのものは無償で提供されて然るべきだ。

データを開示することが問題解決につながり、その成果に対するコミッションを支払うというのならわかる。あるいはデータを持った小売りがそれを独自に分析し、どうすれば顧客に売れるかという価値提供をした場合も、対価が発生することに異論はない。

しかし、日本ではそうなっていない。そこが、日本企業のマーケティングの進化を遅らせている面であることも否定できない。

ただし、これまではＰＯＳデータの量が膨大すぎて、分析する能力を持てなかった面も否定できない。今後、ディープラーニングがさらに進化していけば、膨大なＰＯＳデータを解析することができるようになるだろう。

そうなったとき、重要なのは人間の力だ。

データを解析して何を知りたいのか、どのデータを使って解析するのかを決めるのは人間だ。そのとき、顧客の問題の把握と問題解決に向かう仮説がなければならない。それこそがマーケティングであり、それこそがイノベーションを生み出す源泉になる。

ある企業の代表が、こんなことを言っていた。

日本企業には、人工知能を開発する側がなかなか人工知能を売り込むことができないという。なぜなら、日本企業側に人工知能を何のために使うのかという発想がないからだそうだ。その意見にはまったく同意する。逆に、ネスレ日本には問題解決の視点が明確にあるので、人工知能によって何をするべきかということがはっきりしている。顧客の問題がわからなければ、問題解決のしようがない。ビッグデータもＡＩもＩｏＴも、それだけでは何も教えてくれない。

5 マーケティングとイノベーションの関係

本書は、新しい実務的なマーケティングについての考え方を示すものである。本章でイノベーションという言葉の定義をしたからには、イノベーションとマーケティングの関係を整理しておかなければならない。

なぜなら、日本人と日本企業はこれまで、マーケティングとイノベーションを結びつけてとらえてこなかったからだ。それが、マーケティングの本質を見誤らせる要因のひとつとなっていると考えられる。

マーケティングは、顧客の問題解決のためのプロセスだと定義した。

顧客を特定し、顧客の問題を特定し、その問題を解決するための方法を考え、それを実行していく過程すべてがマーケティングである。

そのとき、20世紀のマーケティングの原理・原則が有効であれば、いっこうに使って構わない。しかし、多くのケースでそれが有効ではないから、結果として生み出される価値がイノベーションとはならず、リノベーションにとどまってしまう。それこそが、日本企業が停滞する大きな要因となっている。

これが、ここまで本書で書いてきたことだ。これを読んで、イノベーションの位置づけがおわかりいただけるだろうか。

顧客の問題を解決する「プロセス」がマーケティングだとしたら、顧客の問題を解決するプロセスを経て生まれた「付加価値、成果、ビジネスモデル」がイノベーションとリノベーションということになる。

つまり、顧客の認識していない問題を解決するプロセス（21世紀のマーケティング）を経た結果として生まれた付加価値、成果、ビジネスモデルをイノベーションと呼び、顧客の認識している問題を解決するプロセス（20世紀のマーケティング）を経た結果として生まれた付加価値、成果、ビジネスモデルをリノベーションと呼ぶ。

その意味で言えば、マーケティングという広い概念の中にイノベーションとリノベーションが含まれると考えていい。

日本企業は、盛んにこんなことを言う。

「イノベーションを起こそう」

「企業が成長し続けるために、イノベーションが必要だ」

これは、先ほどお話しした定義とまったく逆の考え方になっていることにお気付きだろうか。マーケティングにもとづいて顧客の問題解決を行い、その問題解決が起こった結果がイノベーション（リノベーション）であるはずなのに、この考え方はイノベーションを目的としてしまっている。

イノベーションさえ起こせば顧客に受け入れられると信じていることが、そもそもの間違いである。顧客の問題解決をしないものをイノベーションと呼ぶことができるかどうかを考えれば一目瞭然だ。

そもそも、彼らがとらえているイノベーションは、学者や経営者がそれぞれの考え方にもとづいて定義したものに拠っている。しかし、それらは漠然としていてはっきりしないところが多く、わかりにくいところも少なくない。

実際、私もイノベーションが何たるかについて書かれたさまざまな本を読んだが、誰の本を読んでも疑問が氷解したことはなかった。

ということは、日本ではこれまで、イノベーションの定義がはっきりしなかったということだ。これでは、多くの日本人がイノベーションを誤解するのもやむをえない。

さらに踏み込んで言えば、リノベーションの概念が日本人にはなかったため、イノベーションとリノベーションを混同するのも致し方ないところだ。

しかし、この誤解や混同をこのまま放置しておくことはできない。

マーケティングを理解してこなかったことが誤解や混同を招いていること、マーケティングを理解することなしにイノベーションやリノベーションを理解することができないことは、はっきりと言っておきたい。イノベーションとマーケティングの関係をこのように表現したのは、おそらく本書が初めてだと思う。

イノベーションをそのような位置づけでとらえると、これまで日本人が考えていた「イノベーションを起こそう」「企業が成長し続けるために、イノベーションが必要だ」

という発想から、「マーケティングを正しく理解し、正しく実践しよう」という発想に変わっていくのではないだろうか。

この考え方を、コトラーさんはどのように見ているだろうか。


すでにお話ししたとおり、マーケティングは人々をより良い生活に、より高い生活水準に導くことを目指している。そういった意味では、高岡さんの言う「マーケティングは、顧客の問題解決である」という考えは、私の考えと一致している。

イノベーションについての考え方にも同意する。イノベーションは、マーケティング活動やマーケティング的な発想を通じて創造されるものだと考えている。

多くの日本企業は製品の「カイゼン」、すなわち高岡さんの定義する「リノベーション」には長けているが、おそらくイノベーションについてはそれほど優れているわけではないと思う。それは、多くの日本企業がいまだにマーケティング2・0の段階にとどまっているからではないだろうか。

イノベーションは、顧客の想像を超えたところにある問題に、顧客の想像を超えたレベルの解決策を展開する術だと考える。

つまり、顧客へのリサーチにもとづくマーケティング2・0にとどまっている以上、イノベーションを思いつきにくいのではないだろうか。

6 リノベーションと20世紀のマーケティングの限界

パナソニック、ソニーなど、かつて世界をリードした日本の電機メーカーは、オーナー企業としてスタートした。

当時の創業者は、先天的にマーケターとしての才能を持ち合わせていた。先ほどもお話ししたように、ソニーが発売したウォークマンのような世界に誇るイノベーションは、顧客にリサーチした結果として生み出されたわけではない。だからこそ、世界中のイノベーターに参考にされる企業にまで成長した。

しかし、それ以外の企業はリノベーションを担った企業だった。

繰り返すが、リノベーションを否定しているわけではない。だが、リノベーションで成功できるのは、その国が新興国の間だけに限られる。

新興国ではモノが不足しているので、労働コストが安く、生産効率を高めて、安くて品質の良い製品を作っていれば売れる。

20世紀の間、それと同じことをやってきたのが日本の家電メーカーだ。しかし、先進国になってしまった日本では、コストを低く抑えたり、そのことによって生産効率を高めたりする点においては、新興国とは比較にならないし、それだけではモノは売れない。

20世紀のマーケティングは、ブランドを重視してきた。製品が陳列棚に置かれているのだから、その中で顧客に選ばれるためにはブランドの知名度や価値を高めていくことが有効なマーケティングだった。

そもそも、ブランドの力がなければ陳列棚に並べてもらうことができなかったのが20世紀という時代だった。だからブランドを覚えてもらうことが重要視されたのだ。

しかし21世紀になると、マーケティングの4Pのうち、たとえばプレイスは関係なくなってしまう。なぜなら、eコマースには陳列棚はなく、検索のトップに出てくるのがブランド力のある製品であるとは限らないからだ。

第3章でお話ししたように、ｅコマースでは検索によりまったく無名のブランドがもっとも売れるという現象が頻繁に起こる。ブランドが関係なくなった時代には、まったく新しいマーケティングが必要になるのは当然の帰結だ。

もちろん、ブランドマーケティングを筆頭に20世紀のマーケティングがすべて姿を消すわけではない。なぜなら、小売マーケットがある以上、４Ｐは有効であり続けるからだ。しかし、あと20年経てば、先進国ではｅコマースが半分を占めるぐらいまで発展してくるだろう。そうなると、20世紀のマーケティングは今よりもさらに古くなる。

日本が先進国となり、バブルが弾けた20世紀の終わりごろからイノベーションが生まれなくなってきたのは、モノによる問題解決で顧客が満足した20世紀のマーケティングが限界を迎えた結果だろう。つまりそれは、先進国においてはリノベーションによる問題解決が限界を迎えた証左でもある。

そして同時に、インターネットによる問題解決でしか顧客に価値を提供できない21世紀のマーケティングに移行したことを意味する。

にもかかわらず、日本企業はその変化に気付くことなく、イノベーションとリノベーションを混同してしまったことに大きな要因があると言わざるをえない。

現実に、世間の知らないところでこんなことが起こっている。社名を聞けば誰でも知っている大手企業から、役員に向けてどうしたらイノベーションを起こせるかについて講演してほしいという依頼を受けた。

本書で書いてきたような「顧客とは誰か」「顧客の問題とは何か」「マーケティングとは何か」「顧客の問題解決とは何か」「イノベーションとリノベーションとは何か」について話すつもりだ。しかし、よく考えてほしい。日本を代表する企業の多くが「イノベーション」が生まれにくいことに困っているのだ。この事実が、これまでの私の話を端的に表現している。だからヒット商品が生まれても、あまり長続きしないのである。

これも日本を代表するメーカーとのやり取りだ。

彼らが開発している卓上のロボットがある。たとえばチケットを取ってほしいとロボットに話しかければ、インターネットを経由してチケットを取ってくれる。お気に入りの音楽をかけてと言えば、インターネットを通じてロボットがその音楽をかけてくれる。すでに技術的にはこのような機能を備えることは難しいことではない。しかし、その技術はそのメーカーだけしかできない技術ではない。あるとき、そのメーカーの開発責任者が私のもとにやってきた。ネスレ日本と一緒にそのロボットを展開したいというのだ。

なぜか。

ロボットを家電量販店で売ってもB to C*の世界ではすぐに競合品が生まれ、価格競争に巻き込まれてしまう。そこに顧客の問題解決がなければ、ロボットそのものがコモディティ化し、やがて消えていく。そこで、儲かるビジネスモデルを新たに模索しているというわけだ。

私の提案はこうだ。

次から次へと新しいロボットが出てきても、顧客の問題解決にはならない。むしろ、すでにネスレ日本で展開している「ネスカフェ ゴールドブレンド バリスタ」「ネスカフェ ドルチェ グスト」といったコーヒーマシンとそのロボットをコラボレーションさせ、新たな問題解決の機能を加えた方が顧客に対する付加価値の提供ができるのではないだろうか。たとえばロボットの小さな画面にバーチャルの「人間」が映し出され、その「人間」がコーヒーマシンの所有者を認識したら、時間帯に合わせた挨拶をしてくれる。

＊主に企業が個人消費者を相手に行う電子商取引。オンライン書店や仮想商店街など。

所有者が「コーヒーが飲みたい」と言えば、Bluetooth®やWiFiでつながれたコーヒーマシンが自動的にコーヒーを淹れてくれる。もはや、所有者はコーヒーマシンのボタンさえ押さなくていい世界に突入する。

問題は、これがどのような顧客のどのような問題解決になるかということだ。バーチャルの「人間」が出てくるのはいいが、それが何の問題解決になるのか。それを問われたときに、明確な答えがなければやる意味はない。

これからの日本はますますひとり暮らしの人が増えていく。高齢者だけではなく、性別を問わずあらゆる世代で増えていく。

たとえば、ロボットやコーヒーマシンがそんな人たちの話し相手になったり、その人たちの安否確認のツールになったりするのも不可能ではない。これからはさらにディープラーニングが進化し、自分の身の上話をしたときに、それに応えてくれるようになるだろう。そんな問題解決の手段になれば、その製品を介したサービスに価値が生まれる。

20世紀の問題解決は、便利になることに意味があった。しかし、21世紀の問題解決はただ便利になるだけでは意味がない。

第5章

問題解決は「問題発見力」が出発点

執筆

高岡浩三

1 顧客の問題解決を行う前提として「問題発見力」が重要になる

マーケティングは顧客の問題解決をするためのプロセスである。イノベーションは、顧客の問題解決を進めた結果、生み出された価値ないし成果である。いずれにしても問題解決が重要なのは間違いないが、ここでよく見落とされてしまうことがある。それは、顧客の問題を見つけ出すことである。

本章ではこのテーマについて語っていくつもりであるが、まずはコトラーさんの考えを聞くことから始めてみたい。

顧客の気付いていない問題を解決することは、とても難しいことだ。それは、顧客自身が自分たちの問題を認識していないからである。

だから顧客からの回答をベースにした従来の顧客調査では、これらの問題を的確にとらえることはできない。したがって、私たちは顧客の気付いていない問題を特定するために新しい手法を必要とする。

非言語情報や民族集団行動を理解するには、民族誌学的調査をしなければならない。次に何が起こるかを予測するには、ビッグデータ分析や予測分析論が必要になる。無意識の脳反応にもとづいて顧客の脳活動や行動を分析するには、ニューロマーケティングが必要である。顧客の考えや決定を解読するには、隠喩を利用しなければならない。

これらの手法は複雑で、通常、専門家の助けが必要になる。そこで私が勧めるのは、顧客がなぜそのような行動をするのか、どのように意思決定するのか「深く考える」ことである。顧客の気付いていない問題は、昔からの習慣や当たり前の行為といった中に潜んでいると思われるからだ。「当たり前のなぜ」について深く考えることで、顧客の気付いていない問題を見つける能力が高められると思う。

いつの時代も、イノベーションとリノベーションによって問題は解決されていく。とはいえ、常に新しい問題も生まれてくる。見えるか見えざるかにかかわらず、常に「そこにある」問題を見つける能力が、企業として、マーケターとして大事になる。

世間一般では、問題解決能力が偏重されている。そのおかげなのか、問題解決能力は多くの企業や人が持っている。

問題解決能力はもちろん必要だし、決して易しいことではない。しかし、問題を発見することの方が先にあることは常に意識するべきだ。問題が見えていないと、大きなイノベーションにはつながらない。

しかし、日本人は問題を発見することを不得手にしている。とくに、顧客が認識していない問題を発見することを苦手としている。

その原因は、日本人に物事を深く考える癖がついていないことだ。受験教育の弊害で物事を深く考えるトレーニングもしていない。これは、マーケターだけでなくビジネスパーソンにとって最悪のことである。

誰もが与えられたことは真面目に一生懸命やる。そのため、常に同質的な競争に陥って苦心している。その隘路に陥っている限り、競争から脱することは不可能だ。

❷ 問題発見力は「物事を考えること」から始まる

物事を深く考えること。

コトラーさんも言ったように、これが問題を発見するために必須の要件である。

「何を当たり前のことを」

そう思う人もいるかもしれない。

たしかに決して近道ではなく、特効薬でもなく、即効性もないかもしれない。だが、これ以外に方法はない。深く考え続け、それを習慣化することでしか、問題発見力が身につかないのは事実である。

「仕事に追われて、考える時間がない」

そう思う人もいるかもしれない。

しかし、それは言い訳にすぎない。

私は、常に考えている。お風呂に入っても、トイレに入っても、もちろん会社で仕事をしていても。商談などで人と話をしているときも常に考えている。むしろ、そんなときこそアイデアが出てくることもある。

人間は、会話をしながら別のことを考える能力を持っている。まったく違う話をしているときに、この会話は仕事に使えると思ったことはないだろうか。そういう能力は、コンピューターにはないものだと思う。

考える時間がないというが、私は逆だと思う。

人間が考える時間は、無限大にあると思っている。しかし、人間は深く考えることを意識しない限り、考えるべきことを考えるという行動に出ない。意識することなしに、意識して考える習慣は身につかない。

問題を発見するときに、人の力を借りてヒントを手に入れるという考え方もある。顧客や取引先や別の社員など、日ごろからさまざまな人と会話をするなかで触れた何気ないひと言にヒントが詰まっていることも否定しない。

しかし、基本的には自分ひとりで考えることが重要だ。

個人で考え、浮かんだアイデアをロジカルに人に伝えて共感させ、チームを引っ張っていけるリーダーシップが日本人には欠如している。その習慣を身につけるために有効なのが、のちほどお話しする「イノベーションアワード」である。

これは、個人で考えることを基本としている。絶対にチームでは参加させない。チームで一致団結して行動するのは、カイゼン活動に直結する。それはリノベーションの世界で、日本人が得意としている分野だ。

日本人はこれについてはおそらく、世界でもっとも秀でていて、すでに誰にも負けない水準に到達している。しかし、その資質を伸ばしても、個人で深く考える習慣にはつながらない。

「研修」という形

自分にとっての顧客がいったいどのような問題を抱えているのか。その問題をどのように解決するのか。企業は、社員にそれを常に考え続けさせるトレーニングの場を与えていくしかない。できれば、常識と思っていること、当たり前のことと諦めてしまっていることを深く考え直すといい。そこに、顧客の問題が隠されているかもしれない。

それを「研修」という形で実施しても、おそらく何の効果もない。

研修は日常的に行われるものではないし、研修で実施したことが実際の現場で生かされることはほとんどないからだ。

むしろ、日常的に考えざるを得ないように仕向け、考えたことを実践し、それが正しいかどうかを自ら証明させていくプロセスを経験させる必要がある。

先ほど、考える時間は無限大にあると言った。たしかにその通りだが、それは考える習慣を自分のものにした人にとっての状態だ。考える習慣のない人には、まずは考える時間を増やしてあげることが必要だ。

そのため、ネスレ日本では1日の労働時間にどのような業務をしているか、全社員の調査を実施した。たとえば、営業であれば商談に何時間かけ、移動に何時間かけ、会議に何時間かけ、事務処理に何時間かけているかという内訳を調べるのだ。

私が見たかったのは、考える時間がどれだけあるかということだ。しかし、結果は10パーセント以下、実情はほとんど考えていないという結果が出てしまった。

ほとんどの社員は、それで仕事した気になっている。

しかし、それは「作業」にすぎない。とにかく意識して考える時間を作ること。とくにホワイトカラーの人間は、そこから始めるべきだろう。

3 顧客の問題を考える習慣を植えつけた「イノベーションアワード」

顧客が認識している問題を発見するのは、それほど難しいことではない。少しでも深く考えれば、すぐにわかる。しかし、その簡単なことさえ考えていないため、顧客が認識している問題さえ正確につかんでいないのが実情だ。

顧客の認識していない問題にたどり着くのは、さらに難しい。

これは、ちょっとやそっと考えただけで、とても見つかるものではない。顧客の問題について深く考え、顧客の認識していない問題をつかみ、イノベーションを起こすためのトレーニングが、先ほどお話しした「イノベーションアワード」である。

ネスレ日本の「イノベーションアワード」は、1年に1度、すべての社員からイノベーションのアイデアを募集する仕組みである。

大賞（1人）に選ばれたアイデアには100万円、次点（2人）に選ばれたものには50万円、入賞（3人から4人）には30万円の賞金が与えられる。

単にアイデアだけを募集するのではなく、アイデアを実行し、顧客にとっての価値を実証できたもので応募するのが条件だ。

机上のコンテストに終わらせるのではなく、有望なアイデアは実際にビジネスとして走らせ、発案者をリーダーとするプロジェクトチームを立ち上げる。最終的には、ビジネスとして成り立つかどうかを見極め、ネスレ日本の収益に貢献させるのが目的でもある。

プロジェクトチームのリーダーになると、リーダーシップは当然のこと、メンバーを巻き込むためのコミュニケーション能力や、成果を生み出すための決断力や実行力が養成される。マーケターとして、イノベーターとして、リーダーとして優れた人材を発掘、育成するための仕組みでもある。

この仕組みを作っても、社員がすぐに顧客の問題を深く考えるように変わったわけではなかった。第1回目の応募がわずか80件程度にとどまったことがそれを証明している。

社員2000人の企業で80件。たった4パーセント。社員に「考えろ」と旗を振ってはみたものの、期待は見事に裏切られた。

しかし、翌年から応募件数が急激に増えていく。2年目は750件、3年目は1600件、5年目を迎えた最新の応募数は、3360件にまで増えた。社員数をはるかに超える応募があったということは、社員の考える姿勢が定着しつつあると考えていい。

ただ、「イノベーションアワード」に応募されるアイデアの99パーセントは、リノベーションのアイデアでしかない。イノベーションといえるようなアイデアは、わずか1パーセントにすぎない。

これからは、その数字を上げていくのが目標となる。多くの社員が顧客の問題を深く考え、顧客の認識していない問題にたどり着けるようになれば、おのずとイノベーションのアイデアも増えてくるはずだ。

第2回の大賞となったのは、秋田のスーパーマーケットを担当していた女性が考案したビジネスモデルだ。現在、全国に約2300店を展開する「カフェ・イン・ショップ」の原型となったアイデアである。応募当時、この女性はまだ契約社員だったが、現在は正社員として活躍している。

発端は、彼女が担当するスーパーマーケットのマネジャーが抱える問題からだった。

秋田県は過疎化が進み、高齢化も進んでいる。買い物に訪れるスーパーマーケットのお客さまもお年寄りが多く、長時間の買い物は体力的にも難しかった。そのため、店内に買い物が終わってから休憩するスペースが必要だという問題があった。

スーパーマーケットの店内には、喫茶スペースがあった。しかし、コーヒーを1杯飲むのに200円から300円が必要だった。コーヒーの値段が200円から300円というのは、単価としてはそれほど高額ではない。しかし、それが毎日のこととなると、年金暮らしの高齢者にとっては負担が大きい。

そこで彼女は、スーパーマーケットに「ネスカフェ ゴールドブレンド バリスタ」を設置し、紙コップを置いただけの喫茶スペースを作らせてもらうようスーパーマーケットと交渉した。すぐに承認を得て、「カフェ・イン・ショップ」として営業を始めた。

コーヒーの値段は100円。従来の喫茶スペースの3分の1だ。すぐに1日100杯を売り上げるという実績を作り、それをもとに「イノベーションアワード」に応募した。

それまで、高齢の買い物客は疲れたら高いコーヒーを頼んで喫茶スペースで休むか、疲れた体に鞭打って、休憩せずに帰るかという二者択一しかなかった。もっと安い値段でコーヒーが飲める休憩所ができるとは想像もしていなかったはずだ。したがって「カフェ・イン・ショップ」という場所は、高齢の買い物客が認識していない問題の解決になる。

これは、スーパーマーケットのマネジャーにとっての問題解決にもなる。コーヒーを安く飲める休憩所があることで、高齢の買い物客の集客につながるからだ。

この仕組みを聞くと、私はすぐに全国展開する指示を出した。スーパーマーケットだけではなく、お客さまにコーヒーを出しているところであればどこでもいい。そこから、自動車ディーラーという発想も出てくる。

このアイデアが、本当の意味でのイノベーションと呼べるかどうかは評価の分かれるところだ。しかし、顧客の認識していない問題を発見し、その問題を解決することで、数年で2300店に拡大、「ネスカフェ　アンバサダー」、「ネスカフェ　サテライト」と合わせて年間10億杯以上ものコーヒー消費需要を生み出したことは事実である。この点は、確実に「イノベーションアワード」の成果と言えるだろう。

4 コーヒーマシンを使ったイノベーションの原石

第5回の大賞に輝いたのは、ニュースにもなったアイデアだった。

最近、地方創生というコンセプトが脚光を浴びている。各地方は、自分のところにどうやって人を集めるかというアイデアを模索している。その流れを踏まえて、応募者は佐賀県の有田にある観光タクシーと組んで、そこに「ネスカフェ ゴールドブレンド バリスタ」を積むというアイデアを思いついた。

観光地のいくつかのスポットを巡る観光タクシーでは、利用する顧客が車に乗っている時間は意外と長い。顧客は、何か飲み物を飲みたいと思っても、その都度車を停めてもらうのは気が引ける。その点、車内にコーヒーマシンがあって、いつでも無料で飲めるようになっていれば、車内でくつろぐこともでき、運転手に気兼ねする必要もなくなる。

一方、観光タクシーを顧客とすると、車内でコーヒーが飲めるという環境をつくり出すことによって、他の観光タクシーとの差別化につながる。コーヒーマシンを動かすための電源を確保するために30万円から40万円の費用がかかるが、それはネスレ日本が広告費として捻出することで解決できる。

この発想は、観光タクシーの会社や観光タクシーに乗るお客さまというそれぞれの顧客に聞いても、絶対に出てこないだろう。

観光タクシーのサービスは年々向上していて、観光タクシーに乗れば快適に効率よく観光スポットを巡ることができる。それだけで満足していた顧客に、無料のコーヒーというさらなるサービスを提供することで、顧客が認識していなかった問題の解決になった。観光タクシーの会社にとっても、顧客を集めるセールスポイントとなり、他社との差別化という問題解決につながった。

このアイデアは５、６人乗りの観光タクシーの話だったが、乗客と運営側という構図は、車両がもっと大きい観光バスや長距離路線バスも同じである。このアイデアをそのまま適用できる汎用性も、このアイデアが高い評価を得た要因のひとつだ。

長距離高速バス業界は、競争が激しい。競争の激化で価格が下がり、不景気で収入の減った顧客が、飛行機や新幹線から価格の安いバスにシフトする。顧客の増加とともにさらにバス会社間の競争が激化し、さらに価格が下がるという悪循環に陥っている。価格競争に勝つために、運転手の人件費は削られ、長時間勤務を強いられる。それが原因で引き起こされる不幸な事故が後を絶たない。

北海道などでは、長距離路線バス網が発達している。路線バスとはいえ、長距離高速バス並みの6時間という乗車時間も珍しくない。飛行機や新幹線よりも長い乗車時間を強いられる乗客は、バスの中でいかにくつろぐかという問題を抱えている。

そうした数々の問題を解決する手段として、バスの中に「ネスカフェ ゴールドブレンド バリスタ」を設置し、乗客が無料で自由にコーヒーを飲めるようにしたらどうなるだろうか。高速バスでは乗客に対するサービスの充実が他社との差別化につながり、価格競争から脱することもできるかもしれない。

さらにそこから派生する取り組みとして、長距離を走るトラックに「ネスカフェ ゴールドブレンド バリスタ」を搭載するというアイデアがある。

これは、すでに運送会社との間で契約が進み、実際に取り組みが実施されている。運送会社は、ドライバーの福利厚生の名目で長距離トラックに「ネスカフェ ゴールドブレンド バリスタ」を1台置く。これは、慢性的な人手不足に悩まされている運送会社の問題解決となる。この取り組みが、人材募集の際のひとつの「売り」になるからだ。ドライバーにとっての問題解決にもなる。これまで、ドライバーはサービスエリアで休憩するたびに缶コーヒーを自腹で買っていた。眠気と戦うドライバーにとって、コーヒーは欠かせないアイテムだ。

給料のなかから、１３０円の缶コーヒーを連日のように何本も買うのはかなり厳しい。それを会社が負担してくれれば、余計な費用を抑えることができ、少しでも家計の負担を和らげることができる。

「イノベーションアワード」によって出てきたアイデアは、非常に小さくてもダイヤモンドの原石のように一見粗いが、それでも構わない。顧客の認識していない問題を発見し、それを解決するアイデアでさえあれば、磨けば大きな展開が期待できる。

5「イノベーションアワード」によって生まれた変化

開始から5回を積み重ねた「イノベーションアワード」によって、社員たちに変化が生まれている。

具体的には、日ごろの仕事のなかで深く考える癖が身についてきた。今まで深く考えることも、行動することも少なかった社員から、3360件ものアイデアが出てくるようになったのは大きな変化であり、計り知れない効果だと思う。

この「イノベーションアワード」によるアイデアがビジネスや「カイゼン」につながったケースは、大賞や次点、入賞のアイデアだけではない。さまざまな部署で、ちょっとしたイノベーションやリノベーションが数多く実行に移されている。

そのおかげで、全社一丸となって顧客の問題について考え、発見する努力をし、その問題解決による成果を生み出そうという雰囲気になってきた。こうしたことをやり続けていかなければ、やがて会社が停滞してしまうという危機感が芽生えたことが大きい。

正直に告白すると、「イノベーションアワード」が軌道に乗るまでの間は、ネスレ日本のイノベーションを引っ張ってきたのは私ひとりだった。そんな私がいなくなったらどうなるのか。それがもっとも恐ろしいことだった。

私は、やがて会社を去る人間だ。その後の会社のことなど関係ないと言えば関係ないが、ネスレ日本の将来のことを考えると、誰かが出てこないとまずい。

それでも、私の後継者ひとりがすべてのイノベーションを背負うことはできないだろうから、会社全体で顧客の問題解決が次々と出てくる仕組みと風土が必要だった。

自分がいなくなっても、土壌さえ作っておけば可能性はある。カリスマ的なイノベーターが生まれなくても、会社全体がイノベーションを起こす集団になっていれば、イノベーションが生まれる土壌は痩せ細ってはいかない。

「イノベーションアワード」で大事なのは、社員ひとりひとりが顧客の問題について真剣に深く考えることだ。そうすることで、リノベーションしか起こせないような顧客の問題発見力を超えて、イノベーションを起こせるような顧客の問題発見力が磨かれていく。

ただ、「イノベーションアワード」の「答え」は出ていない。

この先10年、20年継続していくなかで、イノベーションを起こせるような顧客の問題を発見する能力を持った人が生まれてくるのか、あるいは先天的な才能を持った人しかそういったことは思いつかないのか、答えが出るかもしれない。ただひとつ言えることは、誰にでもチャンスはあるということである。

最近は、「イノベーションアワード」を始めた当初に比べると、そこから生まれた新しいビジネスにあまり口出ししないようにしている。ビジネスとして成立したときに、社員たちの手柄にして自信を持ってもらいたいという思いからだ。

任せられるだけの人材が育ってきたということもあるし、任せないと考える癖がつかないという意味合いもある。いずれにしても、すべてのスタートは顧客の問題を発見する力を養うことから始まる。

21世紀のマーケティングを遂行し、イノベーションを起こすうえで、コトラーさんからも「イノベーションアワード」は高く評価されている。ここで、コトラーさんが分析した「イノベーションアワード」の優れた点に注目していただきたい。

イノベーションアワードがもたらす利点は、大きく3つの点がある。

ひとつは、すべての社員のマーケティング的発想が養われる点である。「イノベーションアワード」が、企業におけるすべての部門とすべてのファンクションを対象にした取り組みであるからだ。

私は、マーケティングは人々をより良い方向に、より良い生活に導くためのものであると定義している。かつてのように、いかに売上を伸ばすかだけを考えるためのものではないと思っている。「イノベーションアワード」が、社外と社内の両方の顧客を対象にしていることは、その点でも理にかなっている。

ふたつ目は、「イノベーションアワード」が単に新しいアイデアを見つけることを評価するのではなく、首尾よく実施したことを評価する点である。こうすることで、社員は顧客の問題の発見から解決策の実践と効果測定まで、一連のマーケティング活動を経験することができる。

最後は、「イノベーションアワード」がアイデアを評価するマネジメントのトレーニングにもなる点である。品質の良いものを作り、魅力的な広告を流すというかつての勝利の方程式は、もはや十分ではない。私たちは、ミレニアル世代からのアイデアを刺激し、評価する側の能力を高めなければならない。

つまり、「イノベーションアワード」は、マネジメント層が多くのアイデアから真のイノベーションにつながるダイヤモンドの原石を見つけ出し、磨き上げて真のビジネスチャンスに育てていくことにも役立っているのだ。

6 役員・部長などのマネジメント層の教育も不可欠

コトラーさんは、興味深いことを指摘している。それは私も100パーセント同意する内容で、これからの日本企業に不可欠なことと思っている。それは、企業として継続的にイノベーションを生み出していくには、アイデアを評価する側のトレーニングが必要だという点である。

問題発見力が磨かれ、問題解決能力を身につけても、そうした人材やその人材が発想したアイデアを会社組織が潰さないようにしなければならない。自分で考え、アイデアを生み出し、行動を起こしてその仮説を証明する。個々の社員がそうしたプロセスを踏めるようになることは、非常に大事なことである。

しかし、社員からどんなにイノベーティブなアイデアが提出されても、上に立つ人間がそれを評価できなければ元も子もない。せっかく部下が思いついたアイデアを生かすことができず、結果的にイノベーションは生まれない。だからこそ、評価をする側の人間のトレーニングも合わせて進めていくことが不可欠なのである。

「イノベーションアワード」で成果が出るようになってから、さまざまな企業から講演を依頼されるようになった。そのとき、参加者にもっとも響くのは、この上司の意識改革の話である。それほど、日本企業はイノベーティブなアイデアを正当に評価できる人材がいないということなのだろう。

大事なのは、評価する側の人間に、イノベーティブな発想を見極める目を養わせなければならないことだ。一般社員にばかり「イノベーションを起こせ」と言っても、うまくいくはずがない。

そもそも、日本企業には異質なアイデアやそれを声高に主張する異端児を否定するカルチャーがあった。今でもあるかもしれない。

そこから脱するためにも、役員、部長クラス、課長クラスのレベルを高めておかなければならない。それが、イノベーションを起こせる企業とそうでない企業の分かれ目になると言っても差し支えないだろう。

「イノベーションアワード」とは似て非なるものだが、日本企業にもこうした「アイデアコンテスト」のようなものをやっているところはある。

そこで問題になるのが、なぜそのアイデアが評価されたのかという「基準」だ。

多くのケースは、評価をするうえでの項目を設定し、その項目ごとに評点を出し、総合点の高いアイデアを大賞にするというやり方だ。

総合点が高いアイデアを評価するという方法は、一見わかりやすい。しかし、それが実際のビジネスとして通用するかどうかは別の問題だ。

平均点が高いだけで突出したものがなく、ビジネスとしてはまったく通用しないままアイデアは霧消する。結果的に、全社員にはそのアイデアが選ばれたポイントがわからないという事態に陥り、アイデアコンテストに対するモチベーションが失われる。

しかも、アイデアコンテストに賞金がかかっていれば、結果に対する不平不満の声はさらに大きくなる。

「なんであいつのアイデアが１００万円で、俺のアイデアは選ばれなかったのだ」

「何を基準にしているのかわからないよ」

「あいつは役員に気に入られているからだな」

「こんな茶番に時間を取られるのはまっぴらごめんだ」

社員のモチベーションダウンは、やがて批判につながっていく。

それに対して「イノベーションアワード」には、絶対的な評価基準がある。

顧客の認識していない問題とはいったい何か。顧客の認識している問題とはいったい何か。イノベーションとは何か。リノベーションとは何か。まずはこれらの定義を周知させることから始める。

そのうえで、次の段階に進む。そのアイデアは顧客の認識していない問題を発見しているかどうか。その問題を解決するソリューションになっているかどうか。アイデアの他への広がりが期待できるかどうか。実際のビジネスとして実施した場合、会社の収益に貢献する可能性が高いかどうか。こうしたポイントにもとづき、評価することを徹底させている。

最終的に、大賞を選ぶのは私を含めた役員となる。ただ、最終選考まで上げていくプロセスで、アイデアの優劣を判断するのは役員や部課長クラスに任される。

彼らに評価をするにあたっての基本的な共通の判断基準がなければ、せっかくのイノベーションの芽を摘み取ってしまいかねない。結果的に、なぜこのアイデアが評価されたのかわからないという、他社と同じ状態に陥ってしまう恐れがあった。

「キットカット」の開発

顧客の認識していない問題を発見することは、それほど簡単なことではない。経験の少ない社員が、その感覚を100パーセント身につけるのには時間がかかる。

その感覚が20パーセントしか身についていない若い社員が考えたアイデアは、一見するとアイデアとして不十分かもしれない。しかし、ダイモンドの原石は必ずある。最新の「イノベーションアワード」で出てきた３３６０件のアイデアにも、必ずある。だからこそ、マネジメント層が見る目を養い、ダイヤモンドの原石を発見し、本物のダイヤモンドにするべく磨き上げなければならない。

第4回の大賞に選ばれたのは「キットカットショコラトリー」だった。

このアイデアは、２００3年から「キットカット」の開発に携わっている「ル パティシエ タカギ」のオーナーシェフ・高木康政さんが全面監修した「キットカット」の専門店を、リアルの店舗として展開するというアイデアだ。

ショコラトリーとは、ショコラティエとチョコレートファクトリーを掛け合わせた造語で、現在は全国主要都市の老舗百貨店に8店舗を展開している。

このアイデアが「イノベーションアワード」に提出されたとき、発想としてはリアルの店舗の出店だけだった。だが、店舗だけではそれほど多くの広がりが期待できない。そこである段階からは、ｅコマースでも販売するというアイデアを加えた。ｅコマースの売上が加味されれば、おそらく１００億円から２００億円の売上になる。

リアルの店舗では1年半で20億円の売上を作った。それはそれで評価できるとは思う。

しかし、新たに作った店舗に行列ができて、20億円を売り上げたということだけでは、周囲は納得しない。

工場で機械が作る「キットカット」に高木さんというクラフトマンシップを付加し、プレミアム感を望んでいた顧客の問題を解決したこと。さらに、eコマースに展開して数百億円の売上を作れるだけのポテンシャルを持ったアイデアだったこと。こうした顧客の問題解決があったからこそ、大賞に選ばれたのだ。

ネスレ日本のマネジメント層には、そうしたアイデアを付加する能力が備わっているのだ。社員の出してきたアイデアをただ評価するだけでは、彼らに多くの報酬を支払っている意味がない。

7 GREATアカデミー・若手幹部候補生への教育

「イノベーションアワード」に加え、物事を深く考えるためのトレーニングとして新たな取り組みも始めた。

ネスレ日本の社内で「ＧＲＥＡＴアカデミー」と呼ばれる、中堅社員向けの社内ビジネススクールである。ＧＲＥＡＴはGrow and Encourage Agile Talentの頭文字を取ったものだ。その定義と目的は、次のようになっている。

「マネジメントを遂行するにあたって必須のファイナンス、マーケティング、人事、サプライチェーンをテーマに、ＣＥＯと担当役員がケーススタディを通じて議論する場。目的は、ケーススタディを通じて考える訓練をすること。『イノベーションアワード』では、顧客の認識していない問題を見ることが必要だ。この問題解決力を高めるには、知識だけでは不十分である。これまでの常識にとらわれず、すべてのことを正しいかどうか疑い、深く考えることしかない。参加者は、アイデアの原石を選び、ビッグアイデアへと磨く力を持つ、トップマネジメントの領域を目指してほしい」

参加者は「次の次」を担う30代後半から40代前半の若手社員。当然、各世代のなかで優秀と目されている人材が対象となる。各回10人前後、月に1回、半年のコースだ。具体的なケーススタディにもとづいてソリューションを考え、それを個人ないしグループで発表する。テーマごとの担当役員と私が出席し、発表に対して講評する。

講評は、かなり厳しくやる。

マーケティングとは何か、顧客の認識しない問題とは何か、イノベーションとは何か、深く考えるとはどういうことか。その考え方を体得していなければ、容赦ない批判が浴びせられる。

本格的なマネジメント層に入ってから鍛えようとしても、正直なところ多大な時間がかかる。それでは、本物のマーケターやイノベーターとして育つ前に、会社を去る年齢になってしまうのではないか。そんな危機感から始まった取り組みだ。

それもこれも、すべては問題発見力を高めるためだ。

それほど顧客の認識していない問題を発見することが難しく、しかも、それほど顧客の認識していない問題を発見することが重要であるということだ。

第6章

コトラー・ビジネス・プログラムの全貌

執筆

高岡浩三

1 コトラー・ビジネス・プログラム誕生の背景と発端

もともとは、2年前の「ワールドマーケティングサミット」の最中、関係者とコトラー教授の名前を冠したビジネススクールを世界中に作ってみてはどうかという話から始まった。

各国のトップクラスの大学に、コトラー教授のビジネススクールを立ち上げるというアイデアから始まり、大学のビジネススクールに、マーケティングのプログラムを乗せるという方向で進めた。

最初にアプローチしようと考えたのは、バングラデシュ、台湾、中東諸国などの新興国だった。新興国の、貧しいけれども優秀な学生に、最先端のマーケティングを学んでもらいたいという大きな目的があったからだ。

マーケティングに対する理解を深めてもらい、もっとマーケティングを普及させるために、5年前から「ワールドマーケティングサミット」を開催している。2016年は東京で開催される3年目となるが、それ以前はクアラルンプール（マレーシア）やダッカ（バングラデシュ）などの新興国で開催していた。そのときの地元の人々の熱狂を見て、コトラービジネススクールの構想が浮かんだ。

日本でも、あるトップクラスの大学に提案した。しかし、日本の大学はこういうときの意思決定が遅い。なかなか前に進まないうちに、計画の方向性が大きく変わっていった。それは、こんな疑問が浮かんだからだ。

〈当初の方針では、21世紀の問題解決にはならないのではないか〉

そもそもの問題は、ビジネススクールの敷居が高いことだ。しかも、授業料が異様に高い。優秀な人間であっても、貧しければ行くことができない。

あるいは、時間的な拘束があるのも問題だった。社会人がビジネススクールに通いたいと考えても、仕事が終わったあとにしか自由になる時間がない。業務に支障をきたすという理由で、ビジネススクールで学ぶことを諦めている人も多い。

この問題は、新興国に限ったことではない。

先進国でも同じ問題を抱えている。

2016年、アメリカは大統領選挙の年だ。民主党はヒラリー・クリントン氏が指名選挙に勝利したが、最後まで争ったのは、若い人々からの支持を集めたバーニー・サンダース上院議員だった。その支持の大きな理由は、公立大学の学費を全額免除すること。それほど、アメリカの教育費は高額なのだ。

アメリカでは、一般的な大学に行くために300万円から400万円の学費がかかる。日本人の親のように、アメリカ人の親は子どもの学費を出さない。そのため、多くの学生が学生ローンを組んで大学に行く。さらに、ビジネススクールに行こうと思えば、1000万円という途方もない費用がかかる。これも、学生が自らローンを組んで工面する。

学生が卒業すると、すぐにローンの返済が始まる。そのローンを返済するために、高額な給与が保証される企業に優秀な人材が集中する。コンサルティングファームや投資銀行などがその典型的な企業だ。その結果、高額な報酬を得られる企業には人材が集中して募集が少なく、低額な報酬しか得られない企業には人が集まらないという弊害が生まれる。

高額な授業料の返済のせいで、なかなか自分の希望した企業に入れない。その問題に対してサンダースは学費の全額免除という政策を掲げた。サンダース上院議員に若い人の人気が集まっているのは、アメリカ社会の問題を映し出している。

お金がないと高度な教育が受けられないという歪みは、日本も変わらない。

東京大学に入る学生の親は、平均年収がかなり高い。幼いころから塾へ行き、人より何年も早く所定の学習内容を学び終え、受験勉強にどれだけの時間をかけるかが、難関大学に合格できるかどうかの分かれ目となる。

大学やビジネススクールの高額な費用の問題は、希望者が高度なマーケティングを学ぶうえでの弊害となっている。そうした問題に対して、どのような解決策を提示するべきか。

安価な値段で機会を提供できなければ、問題解決にはならない。しかし、当初の方針の、大学等によるビジネススクールでは、それが実現できない。また、21世紀の今、教室に集まって授業を行うことが、その問題解決になるのだろうか。

そこで私が提案したビジネスモデルが、インターネットによるビジネスプログラムだった。ビジネススクールからビジネスプログラムへ。家にいながらにして、格安の受講料で専門的なマーケティングの授業を受けることができるという形に軌道修正したのだ。

これは、アメリカや日本など先進国の学生や社会人の問題解決になるだけではない。これからの時代、もっともマーケティングの知識を必要としている新興国の人々、とくに低所得層に対する問題解決にもなる。

新興国には、満足な教育を受けられないため、能力を開花できない優秀な才能の持ち主は数多くいる。そうした厳しい環境で生きている彼らは、先進国の若者に比べてハングリー精神が強い。だからこそ、起業してアメリカンドリームを摑もうとする。その行動が、新しいイノベーションを生む素地となっている。

実際、アメリカでイノベーションを生んだ21世紀を代表するシリコンバレーの起業家たちには、海外からの移民にルーツを持つ人が少なくない。

グーグル共同創業者のセルゲイ・ブリン、テスラモーターズのイーロン・マスクなどもそうだ。そういう人たちへの問題解決も含めて、インターネットで展開するビジネスプログラムにする意味は大きい。

2 具体的なプログラム内容とは

コトラー・ビジネス・プログラム（KBP）と呼ぶこのプログラムは、3つのビジネスプログラムを提供しようとしている。

ひとつ目は、マーケティングについて学びたいという人に向けた、基本的なオンライン・プログラムとなる。

オンラインであれば口頭の説明のみならず、視覚的な教材も含んだプログラムを展開できる。少し高度なマーケティングコースとなるため、企業のマーケティング担当者や、企業の意思決定に関わる人が視聴できるプログラムになる。

ふたつ目は、マーケティング担当者以外のためのオンライン・プログラムである。

主な対象となるのは、開業を志す医者やレストランを経営したい料理人などの自営業者である。マーケティングを学ぶ必要がなかった、しかし自分の病院やお店を開業するとなると、立地場所、対象顧客の設定や誘致などどうしてよいかわからない。こういった独立や起業を目指す自営業者にとって有益なプログラムとなる。

３つ目は、さらに高度なエグゼクティブ向けのマーケティング講座である。マーケティングの基本から上級レベルまでを網羅した、誰でも簡単にアクセスして学習できるプログラムだ。誰もが簡単にマーケティングプログラムにアクセスできれば、日本人にとっても素晴らしい機会となるだろう。

各プログラムを受講する人のニーズが違うため、それぞれのプログラムは異なった教授方法を採用する予定だ。

受講者はオンライン購読の形式で、マーケティングについて学ぶことができる。各プログラムを受講したあとには、受講者に学習到達度の試験を受けてもらう。適切なレベルを修了した受講者には、受講証を交付する。これは、マーケティングの基礎を学習したという証明になる。

1コースの受講料は500ドル。日本では5、6万円を予定している。

1コースを修得するのに、平均するとおよそ2ヵ月かかる。もちろんインターネットでプログラムを提供するので、早く修得しようと思えばいくらでも短縮することができ、自分のペースで最新のマーケティングを学ぶことができる。

講義を録画した動画をインターネットで流し、オンラインで質疑応答もできる。学生同士のディスカッションについては、まだ実現できるかどうかは不明だ。何しろ全世界で展開するので、時差が生まれてしまうからだ。むしろ、イベントのようなものを開催する方が新鮮かもしれない。バーチャルの部分とリアルの部分が両方あると、プログラムの魅力は倍増する。

基本的に、このプログラムを使いながらどのような展開をしていくかは、それぞれの国によって異なってくる。

先日クアラルンプールに行ってきたが、2万2000人の学生が在籍するクアラルンプール大学からプログラム導入を依頼された。2万2000人の学生がマーケティングの知識を得て、その能力を手に入れる。そこから生まれるパワーが想像できるだろうか。

3 プログラムのスタートから中長期の展望

個人が個人として受講するB to Cと、企業が研修の一環として導入するB to Bというふたつのパターンがあるだろう。

日本においては、B to Bで受講するケースが多くなるのではないだろうか。その線でアプローチをするなかで、すでに大手企業が導入を明言してくれている。

ネスレ日本も、日本版ができたらすぐにでも始めようと考えている。自宅で受講できるので、企業の研修スタイルの変革にもつながる。その意味では、導入が広がる可能性を秘めたプログラムになると自負している。

まだ検討の段階だが、このプログラムのリノベーションもすでに頭の中にある。

マーケティングとはまったく縁のない業種の人に向けた簡易版や、初めてマーケティングを学ぼうとする若年層向けのプログラムもあっていい。

中学生でも高校生でも理解できるようなプログラムをつくり、早い段階からマーケティングの本質を理解してもらう。そうすれば、成人して企業に入ってから、あるいは起業してから、ほかの人の一歩先を進んでいくことができるようになるはずだ。

個人的に導入を勧めたいのは、大学の医学部だ。

日本はとくに、医学に関する勉強はしても、ビジネスの勉強は絶対に教えない。これは獣医も同じだ。

ある獣医が個人病院を開設しようという場面に関わったことがあるが、何から始めればいいのかまったくわからないという状態だった。

外国の大学の医学部では、ビジネスのコースを専攻できるという。いずれ開業するつもりのある学生は、そのコースを取れる。日本にはまだないと思うので、このプログラムは喜ばれるのではないか。

コトラー・ビジネス・プログラムは、２０１６年5月の立ち上げ以来、東南アジア、ラテンアメリカ、中東、北アフリカの計35カ国で展開されている。今後、香港、ベトナム、日本、韓国、中国、インドなどでも順次発表され、２０１７年半ばには50カ国での展開を予定している。ひとつ目の基本的なオンライン・プログラムの受講生は、２０１

7年末までに少なく見積もっても10万人に達し、2020年までには数百万人に達する見込みである。

対象は無限に広がっている。とくに、海外はすごいことになるかもしれない。英語をはじめフランス語、スペイン語、ポルトガル語など最低でも4ヵ国語に翻訳すれば、安い受講料も相まって途轍もない広がりになるのではないかと期待している。

新興国でこのプログラムが拡大し、日本が手をこまねいていると、日本のマーケティングがさらに遅れていく恐れがある。新興国の低所得者層で能力が高い人が出てきて、彼らと競争しなければならない状況になったとき、日本人は大丈夫だろうか。

新興国の将来

数年前、私とコトラー氏はミャンマーに講演に行った。

先ほどお話ししたワールドマーケティングサミットの参加費用は、日本では8万円に設定している。しかし、日本より物価が安いミャンマーで、日本円にして10万円、2200枚のチケットは、発売初日に売り切れた。

もちろん、参加したのはミャンマーでも裕福な層だ。医者、弁護士、外資系企業で働いている人である。そうだとしても、マーケティングを勉強したいというすさまじい熱気を感じた。ネスレ日本にアフリカから来ている社員に聞いても、このプログラムの話をしたら多くのアフリカ人が受講するだろうと太鼓判を押した。

アフリカの裕福な層は、オイルマネーで桁違いのお金を持っている。欧米に留学するのは容易なことだ。しかし、国内の大学には入ることができるが、留学するほどのお金がない優秀な層は驚くほど厚い。彼らがこのプログラムで本格的にマーケティングを勉強すれば、留学した層と同等の能力を身につけることになる。

うまくいけば、新興国が国家として推奨することもないとは言えない。そのとき、彼ら新興国の国力はどれほど上がっていくのか、想像もつかない。

かつての日本は新興国で、安定した安くて質の高い労働力を武器に働くことで先進国をしのいできた。そこには、強烈なパッションがあった。しかし、その結果手に入れた成功と自惚れによってマーケティングをないがしろにし、拒んできた。マーケティングを積極的に学ぼうとする現在の新興国のパッションとハングリーさは、当時の日本より強いかもしれない。

かつての日本が、かつての先進国を追い抜くことができたのだから、現在の新興国が現在の日本を追い抜くことができないという理屈はない。

日本は、このままで大丈夫なのだろうか。

日本人と日本企業は、世界で進みつつあるこの流れを知らない。知っていても、まだ高をくくっている。新しいマーケティングの考え方を学ぶ意欲、最先端のマーケティングを貪欲に吸収していくパッションが、今の日本人にはない。

私たちは、このプログラムを通じて日本人と日本企業が再び強さを取り戻すためのお手伝いがしたい。現在の厳しい状況を考えると、フラットな姿勢で学び直す絶好のタイミングだと思う。皆さんはどうお考えになるだろうか。

エピローグ――マーケティングのすすめ

かつて、日本企業はふたつのことをすれば勝者になれることに気付いていた。

「より良い製品を作ること」

「より安い製品を作ること」

私は、1982年に書いた論文で、日本企業のマーケティング力の高さを評価した。1980年代には何冊かの書籍も著し、そこには日本が世界でもっともマーケティングに優れた国であるという考えのもと、日本を評価する内容を書いた。

実際、当時のアメリカ車は信頼性があまり高くなかったが、日本企業はより安心して乗れる車を、アメリカ車よりも安い価格で販売して勝者になった。

しかし、この20年で事態は大きく変わった。今、はっきりしているのは、日本企業はマーケティングが得意ではないということだ。

現代の先進国では、日常生活を送るうえで足りないものはほとんどない。顧客のニーズは満たされていると考えていい。だから、品質のわずかな「カイゼン」を続けても、その違いは新たな付加価値とはならない。それにもかかわらず、日本企業の多くは高度経済成長期と同じ、旧態依然としたマーケティング手法を取っている。

イノベーションを起こすには

かつての日本の成功を模倣した、韓国のサムスンや現代《ヒュンダイ》をはじめとするライバルが出現している。彼らは、今や日本よりもマーケティング力に優れている。新たな価値を伝達することに力を入れているからだ。

本書でお話ししてきたように、マーケティングは顧客の問題解決をすることだ。そのプロセスでイノベーションを起こし、新たな価値を生み出していくことである。しかしながら日本企業は、かつての成功体験を妄信し、しがみつくことで、何かが生まれると勘違いしている。新たな価値を生み出そうとするパッションを失っているのだ。

問題は、ライバルが出現したことではない。ライバルに追い越されたことでもない。ライバルの出現を脅威だと思わず、ライバルに追い越されたことに無関心だったことだ。日本企業が当時起こっていたことにもっと注視していたとしたら、今のようにはなっていなかったかもしれない。

なぜ日本企業は変わろうとしなかったのか。

なぜ日本企業は、積極的に競合相手を研究しようとしなかったのか。

なぜ日本企業は、アップルの動向に注目し、彼らがやっていることを自分たちも真似してみようと思わなかったのか。

そこに、マーケティングが不得意な日本企業の悲哀が透けて見える。

私は今後、日本がもっとイノベーションを生み出すことに期待している。

その場合に重要なのは、21世紀のマーケティングの視点を生かすことだ。顧客が直面していて、なおかつ認知していないさまざまな問題を発見し、その問題を解決するプロセスのなかでイノベーションの創出を目指すことである。

そのためには、変化する消費者と、変化するニーズを研究することが重要だ。変化する競合相手を研究し、競合相手が見ている対象を知ることも大切だ。日本だけでなく国外にも広く目を向け、新しいマーケティングを熟知したリーダーを探す必要がある。

私は、日本の大ファンである。

日本は、非常に豊かで素晴らしい文化を持っている。私は、ぜひ日本企業にかつてのように成功してほしいと願っている。

現在の日本企業が停滞しているのは、クオリティのせいではない。日本企業は、かつても今も、素晴らしいクオリティを持っている。

問題は、マーケティングが上手ではないことだ。本書に書いたマーケティングについての知見をよく吟味し、理解したうえで実際に生かしてほしいと願っている。

マーケティングのすすめ。

今こそ、新たな21世紀のマーケティングを学んでほしい。そうすれば、日本企業も変わっていけるのではないだろうか。
私は、できると信じている。

ノースウェスタン大学 ケロッグ経営大学院教授
フィリップ・コトラー

Chuko Shinsho
La Clef

中公新書ラクレ 567

マーケティングのすゝめ

21世紀《せいき》のマーケティングとイノベーション

2016年10月10日発行

著者 高岡浩三《たかおかこうぞう》 + フィリップ・コトラー

発行者 大橋善光

発行所 中央公論新社
〒100-8152 東京都千代田区大手町 1-7-1
電話 販売 03-5299-1730
編集 03-5299-1870
URL http://www.chuko.co.jp/

本文印刷 三晃印刷
カバー印刷 大熊整美堂
製本 小泉製本

Published by CHUOKORON-SHINSHA, INC.
Printed in Japan ISBN978-4-12-150567-5 C1234

中公新書ラクレ刊行のことば

世界と日本は大きな地殻変動の中で21世紀を迎えました。時代や社会はどう移り変わるのか。人はどう思索し、行動するのか。答えが容易に見つからない問いは増えるばかりです。1962年、中公新書創刊にあたって、わたしたちは「事実のみの持つ無条件の説得力を発揮させること」を自らに課しました。今わたしたちは、中公新書の新しいシリーズ「中公新書ラクレ」において、この原点を再確認するとともに、時代が直面している課題に正面から答えます。「中公新書ラクレ」は小社が19世紀、20世紀という二つの世紀をまたいで培ってきた本づくりの伝統を基盤に、多様なジャーナリズムの手法と精神を触媒にして、より逞しい知を導く「鍵《ラ・クレ》」となるべく努力します。

2001年 3 月